Stb

Die Autorin
Doris Iding ist Ethnologin M. A. und beschäftigt sich seit über 20 Jahren intensiv mit der bewussten Integration verschiedener spiritueller Traditionen in den Alltag. Für sie ist Spiritualität nur dann von Nutzen, wenn sie Eingang findet in das Leben und die Arbeit des spirituell Praktizierenden.
Sie ist ärztlich geprüfte Yoga-Lehrerin, Kinder-Yoga-Lehrerin und Dozentin bei Yoga-Lehrerausbildungen für den Bereich Philosophie. Darüber hinaus arbeitet sie als Buchautorin, freie Journalistin und freie Redakteurin für *Yoga aktuell*. Ihre Themenschwerpunkte sind Yoga, Spiritualität, Bewusstsein und Gesundheit. Elf ihrer Bücher wurden bislang in andere Sprachen übersetzt.

Das Buch
Alles ist Yoga ist eine Sammlung überlieferter Weisheitsgeschichten aus dem Yoga, gewürzt mit Erlebnissen der Autorin. Jede Geschichte verdeutlicht auf ihre Weise, dass auch Yogis und Gurus nur Menschen sind und dass Spiritualität während und nach der Arbeit oder in einer intimen Beziehung, schlicht in jedem Moment des Lebens stattfindet – und nicht nur irgendwo im Himalaya oder auf der Yogamatte.
Es sind in erster Linie humorvolle Geschichten, die den Leser darin unterstützen sollen, dem Leben und der spirituellen Praxis mit etwas mehr Leichtigkeit zu begegnen.

Doris Iding

Alles ist Yoga

Weisheitsgeschichten
aus dem Yoga

Originalausgabe
© 2010 Schirner Verlag, Darmstadt

Alle Rechte der Verbreitung, auch durch Funk, Fernsehen und sonstige Kommunikationsmittel, fotomechanische oder vertonte Wiedergabe sowie des auszugsweisen Nachdrucks vorbehalten

ISBN 978-3-89767-694-7

1. Auflage 2010

Umschlaggestaltung: Silke Büttner, Schirner
Redaktion & Satz: Rudolf Garski, Schirner
Printed by: FINIDR, Czech Republic

www.schirner.com

Inhalt

Einleitung	11
Türöffner auf dem Weg nach innen	14
Kleshas – Hindernisse auf dem Weg	19
Geschichten über die subjektive Wahrnehmung	23
Alles ist Yoga	25
Der Bauer und der junge Dieb	27
Wahrhaft gut und böse	28
Der Apfelbaum	30
Zwei Stöckchen	31
Gespräch der Zwillinge	32
Der erleuchtete Hund	34
Der Dorfbrunnen	39
Die Heimkehr des Sohnes	41
Geschichten über das falsche Verständnis der eigenen Person	43
Hoffnung auf Anerkennung	45
Niemand	46
Die rechte Hand Gottes	47
Was fehlt?	49
Das Karmakonto	50
Der Teufel, der sich langweilte	52
Das freundliche Pulverfass	53
Das Nichts	54
Geschichten über die Gier	59
Der alte Yogi, der Chai über alles liebte	61
Neuntausend Euro	63
Die verwitwete Dame	64
Die Vertrauensfrage	65
Der diebische Schüler	67
Himmel und Hölle	68
Gierig oder gut?	70

Was übersehe ich denn?	72
Geschichten über unbegründete Ablehnung	75
Die Gedanken des heiligen Yogis	77
Wenn Gelüste unterdrückt werden	82
Die drei Siebe	84
Ravi und der Löwenzahn	86
Alles ist relativ	88
Das Festmahl	90
Wenn es mal nicht weitergeht	91
Christine und der Ziegenbock	95
Leistung und Disziplin	96
Vorzeitige Rückkehr	97
Geschichten über die Angst	99
Die Pest	101
Der andere Yogi	102
Das Kamel	103
Wer Hilfe sucht	105
Mara, der Gott des Bösen	106
Die Angst überwinden	107
Ratlosigkeit und Angst	108
Geschichten über die Lehrer-Schüler-Beziehung	109
Der Schüler auf der Suche nach dem vollkommenen Meister	112
Die härtesten Prüfungen	114
Wessen Schüler bist du?	120
Jeder ist ein Lehrer	121
Das Interview	122
Ein besonderer Lehrmeister	125
Die richtigen Worte	127
Der Sonnengruß	128
Yoga der Eitelkeiten	130
Geschichten über die Achtsamkeit	133
Yoga ist Silber, Achtsamkeit ist Gold	135
Sag einfach »Stopp!«	138
Wachsam achtsam	139
Die drei Bitten	140
Alles ist gesagt	142

Die Gedanken und der Wind	143
Achtsamkeit will gelernt sein	144
Kannst du es besser?	145
Ein gutes Vorbild	146
Geschichten über die Kostbarkeit des Jetzt	147
Es ist wunderschön hier!	149
Die drei dämonischen Lehrlinge	151
Die zwei Asketen	153
Der alte Yogi	154
Der Uhrenverkäufer aus Mumbai	155
Anstrengend	156
Die Geschichte vom Weizen	157
Wer weiß es schon?	158
Die Kostbarkeit des Augenblicks	159
Geschichten über die Begegnung mit dem Göttlichen	161
Auf der Suche	163
Die Suche nach dem Meister	164
Der Weg des Hasen	165
Der Brunnen der Erkenntnis	166
Der göttliche Ton	168
Richtig beten kann man nur aus dem Herzen	169
Svetaketu – eine Erzählung aus den Upanishaden	170
Wer ist da?	177
Spirituell auf Kosten anderer	178
Kein Ich mehr und kein Du	181
Theorie und Praxis	183
Das Versteck Gottes	184
Die Kunst, Gott immer im Blick zu haben	185
Die Pietà	186
Vajnavalkya und der Reichtum des göttlichen Selbst	187
Die Vollkommenheit in allem	189
Ungeduld und Erleuchtung	191
Dank	192
Kontaktadresse	193
Zum Weiterlesen	193
Anmerkungen	198

Selig sind die, die über sich selbst lachen können –
ihnen wird nie langweilig werden.

Für meine Schwester Beate:

**Schön, dass es Dich gibt –
mit Dir wird es nie langweilig!**

Führe mich vom Unwirklichen zum Wirklichen.
Führe mich von der Dunkelheit ins Licht.
Führe mich vom Tod in die Unsterblichkeit.

Bṛhadāraṇyakopaniṣad 1.3.28

Einleitung

Bei den Yogalehrerausbildungen, bei denen ich das Fach Philosophie unterrichte, schreibe ich in der ersten Unterrichtsstunde den Satz »Alles ist Yoga!« auf das Flipchart. Im Anschluss daran bitte ich die zukünftigen Yogalehrer, spontan zu äußern, was ihnen zu dieser Aussage einfällt. Die Assoziationen sind zahlreich: Liebe, Asanas, Atmung, Licht, Pranayama, Glück, Gleichmut, Disziplin, Bewusstsein, Gesundheit, Jugend, Flexibilität, Zufriedenheit, Mantra, Sein, Hatha, Ich, Mudra, Gott, Meditation und Erleuchtung. Meist sind es positiv belegte Begriffe. Wenn ich frage, ob »Krieg« auch zum Yoga gehöre, schaue ich immer wieder in erstaunte Gesichter. Krieg ist für viele mit Yoga nicht kompatibel und die Vorstellung, dass die *Bhagavadgita*, eine der wichtigsten yogischen Schriften, von einem Erbfolgekrieg handelt und auf einem Kriegsschauplatz stattfindet, schon gar nicht. Der Krieger Arjuna, der Hauptprotagonist der *Bhagavadgita*, befindet sich in einem persönlichen Konflikt: Um sein rechtmäßiges Erbe zu verteidigen, muss er gegen Freunde und Verwandte, die auf der Gegenseite sind, kämpfen. Er ist von Furcht überwältigt, mit der Situation vollkommen überfordert und möchte am liebsten fliehen. Krishna, sein Wagenlenker, kann ihn aber dazu bewegen zu bleiben. Krishna, eine Inkarnation des Gottes Vishnu, als die er sich erst im Verlauf der Geschichte zu erkennen gibt, befreit Arjuna durch religiösphilosophische Unterweisungen aus seinem Zwiespalt und bewegt ihn zu seiner karmischen Pflicht, also zum Kampf.

Die *Bhagavadgita* ist getragen von einer hohen Symbolik. Ihr Kriegsschauplatz steht sinnbildlich für die Kämpfe, die sich tagtäglich in jedem von uns abspielen. Es ist der Kampf zwischen Gut und Böse, zwischen Gier und Verzicht. Und es ist der Widerstreit zwischen dem Wunsch nach äußerer Anerkennung und materiellem Reichtum auf der einen Seite und der Suche nach dem Göttlichen in uns auf der anderen Seite. Bei all diesen inneren Schlachten kämpfen wir mit unserem Zorn, unserer Trägheit, unserem ständigen Verlangen, unserem Ego sowie unserer subjektiven Sichtweise auf uns, das Yoga und das Leben.

Im Zusammenhang mit der *Bhagavadgita* frage ich die zukünftigen Yogalehrer, von denen die wenigsten zu Beginn der Ausbildung mit der yogischen Philosophie vertraut sind, wo ihre eigenen, innersten Schlachten stattfinden. In dem geschützten Raum des Yogainstituts sprechen wir dann über unsere Kämpfe mit der eigenen Gier und erfahrener Ablehnung oder über die verlorenen Schlachten gegen die eigenen Selbstzweifel oder die Angst, die ewigen inneren Anfeindungen gegen uns selbst und andere Menschen. In vielen Ausbildungen habe ich erlebt, dass die Teilnehmer sich bei diesen Gesprächen sehr öffnen. Viele von ihnen sind es nicht gewohnt, dass ihnen ein geschützter Raum geboten wird, in dem sie sie selbst sein dürfen, mit all ihren Ängsten, Sorgen, Selbstzweifeln, ihrer Gier, ihrer Trägheit, ihrer Unzufriedenheit und ihrer Ohnmacht dem Leben mit all seinen mannigfaltigen Anforderungen gegenüber.

Im weiteren Verlauf der Yogalehrerausbildung erkennen dann viele Schüler, wie sehr Yoga sie als ein umfassendes System darin unterstützen kann, die inneren Kämpfe zu reduzieren und mehr und mehr Frieden mit sich selbst zu schließen. Dabei hilft ihnen neben der Asanapraxis, Pranayama und der Meditation etc. die Erkenntnis, dass Yoga ein ganzheitlicher Übungsweg ist, der nicht nur auf der Matte oder im Yogastudio stattfindet. Auch lernen sie, Achtsamkeit, Wertschätzung, Dankbarkeit, Respekt und Gleichmut als wertvolle Werkzeuge zu schätzen, um mit den eigenen Partnern, Liebhabern, Kindern, Patienten, Arbeitskollegen und Vorgesetzten gut – im Sinne des Yoga – umzugehen. So offenbart sich den Schülern im Verlauf der Ausbildung nach und nach, worum es bei der Aussage »Alles ist Yoga« geht: Yoga ist nichts Abgehobenes und auch nichts Weltabgewandtes. Yoga findet mitten im Leben statt, hier und jetzt! Dies Zug um Zug zu verinnerlichen ist eine Aufgabe nicht nur für zukünftige Yogalehrer, sondern für jeden von uns.

Türöffner auf dem Weg nach innen

Um den ganzheitlichen Sinn der Aussage »Alles ist Yoga« im Sinne der Yogaphilosophie zu verdeutlichen, habe ich unterschiedlichste Geschichten ausgewählt. Dabei zeigt jede einzelne Geschichte auf meist humorvolle und spielerische, immer aber auf eindrückliche Weise, das alles Yoga ist. Die Geschichten spiegeln uns unsere inneren Kämpfe und zeigen uns unsere Schattenseiten auf. Sie verdeutlichen, wie verklärt unsere Vorstellungen in Bezug auf den spirituellen Lehrer sein können, veranschaulichen, wie es um unsere Achtsamkeit steht, wie weit wir vom Jetzt entfernt sind und wie unrealistisch unsere Vorstellungen vom Göttlichen sein können. Sie alle haben eine Botschaft, allerdings ohne den erhobenen Zeigefinger.

In meinen Yogastunden, Seminaren und Fortbildungen habe ich immer wieder erlebt, dass die richtige Geschichte im passenden Moment einem Menschen spielerisch eine Einsicht über sich selbst eröffnete, ohne dass er sich dabei bloßgestellt oder verletzt gefühlt hat. Meistens haben wir dann alle zusammen herzhaft gelacht, weil die Geschichten uns dazu veranlassen, einen kleinen Moment Abstand zu uns selbst und den eigenen Verhaltensweisen zu bekommen.

Manche der hier vorgestellten Geschichten sind mir immer wieder begegnet. Einige von ihnen habe ich während eines Seminars gehört, andere habe ich in abgewandelter Form in Büchern über das Glück, die Erleuchtung oder die Weisheit gelesen. Wieder andere tauchen in abgewandelter Form hier

Einleitung

und da in Büchern über die Lebenskunst, Spiritualität oder Begegnungen mit dem Göttlichen auf. Die genaue Quelle vieler Geschichten ist mir oft unbekannt. Aus diesem Grund gebe ich im Anhang einige Bücher an, in denen sie mir begegnet sind. Viele Geschichten habe ich eigens auf Yoga umgemünzt, sodass Yogaschüler, -lehrer oder -interessierte sich gut darin wiederfinden können. Die meisten dieser tradierten Geschichten sind zeitlos. Sie haben sich vor Hunderten von Jahren ereignet, können aber genauso gut auch heute passieren.

Andere Geschichten in diesem Buch habe ich selbst in meiner langjährigen Erfahrung als Yogaschülerin, Yogalehrerin, Dozentin und Redakteurin von *Yoga aktuell* erlebt. In diesen Geschichten habe ich Namen und Orte bewusst verändert, weil es mir um die Aussage der Geschichte geht, nicht um die Personen, mit denen ich diese Erfahrungen hatte. Sollte sich ein Mensch dennoch persönlich angesprochen fühlen, so ist dies keine Absicht. Es ist aber ein Anzeichen dafür, dass wir gar nicht so unterschiedlich sind, auch wenn wir alle noch so großen Wert auf unsere Individualität legen. Darüber hinaus wird auch deutlich, dass unser Verstand seit Menschengedenken auf eine ähnliche Weise funktioniert: Wir erschaffen unsere Welt immer nur in unserem eigenen Denken und verlieren uns dabei gerne in unseren Konzepten und Vorstellungen über uns und die Welt. Und noch etwas hat sich seit Jahrtausenden nicht geändert, so wandelbar unsere Konzepte und Vorstellungen auch zu sein scheinen. Etwas in uns bleibt von all dem unberührt: die wahre Natur unseres Geistes, das Göttliche, das nicht Benennbare in uns.

Allen Geschichten gemeinsam ist, dass sie als ein weiterer Türöffner auf dem Weg zu unserem Inneren dienen können. Dabei erfreuen und berühren viele dieser Geschichten mich und die Menschen, denen ich sie erzähle oder vorlese immer wieder aufs Neue. Dies zeigt mir immer wieder, wie wohltuend Geschichten für das Kind in uns, für unser Herz und unsere Seele sind. Manche Geschichten berühren uns auch dann, wenn sie im ersten Moment über das intellektuelle Verständnis hinausgehen. Sie sind so komplex und zutiefst spirituell, dass sie vom Verstand nicht erfasst werden können – egal, wie sehr wir uns darum bemühen. Bis zu einem gewissen Grad können wir diese Geschichten zwar intellektuell erfassen, aber vollständig erfahren können wir sie nur über unser Sein.

Die Aufgabe dieser Geschichten ist es, das Herz und den Urgrund des Seins des Lesers unmittelbar zu berühren. So erlebte ich einmal, dass eine betont atheistische Teilnehmerin weinte, als ich »Svetaketu«, eine Geschichte aus den *Upanishaden* vorlas. Sie wusste nicht warum, aber sie war zutiefst berührt.

Last but not least liebe ich all diese Geschichten so sehr, weil sie auf liebevolle, zynische, witzige, intelligente oder weise Art verdeutlichen, wie menschlich wir alle doch sind und bleiben, egal wie intensiv unsere spirituelle Praxis ist. Das ist ein Aspekt, der für mich persönlich immer wieder etwas sehr Beruhigendes hat.

Vielleicht löst die eine oder andere Geschichte auch bei Ihnen ein Gefühl von Freude, Einsicht und tieferem Verständnis über Sie selbst und das Leben allgemein aus. Vielleicht wird auch Ihr Herz berührt. Vielleicht durchdringt die eine

Einleitung

oder andere Geschichte auch Ihr Sein oder Ihre Seele. Vielleicht bringt die eine oder andere Geschichte Sie zum Lachen, weil Sie dabei an Ihr eigenes Verhalten und auch daran erinnert werden, wie hilfreich es für unser Leben sein kann, das eigene Bewusstsein etwas differenzierter zu betrachten. Vielleicht helfen Ihnen die Geschichten auch zu erkennen, dass wir nicht das sind, wofür wir uns halten: Wir haben einen Körper, aber wir sind nicht unser Körper. Wir haben Gefühle, aber wir sind nicht unsere Gefühle. Und wir haben eine Vielzahl von Gedanken, die uns einnebeln, uns verwirren und das Gefühl geben, dass wir unsere Gedanken sind. Aber wir sind auch nicht diese Abertausende von Gedanken.

Mögen Ihnen die Geschichten ein Gefühl von Leichtigkeit und Freude vermitteln und Ihnen aufzeigen, dass alles Yoga ist – und dass das Leben im yogischen Sinne auch ein Spiel ist, das wir nicht immer ganz so ernst nehmen sollten. Es darf auch gelacht werden!

Doris Iding, im Frühling 2010

Du kannst kein Buch öffnen,
ohne etwas daraus zu lernen.

Asiatische Weisheit

Kleshas – Hindernisse auf dem Weg

Yoga kann uns dabei helfen, mit all unseren inneren Kämpfen, eigenen vermeintlichen Unzulänglichkeiten, alltäglichen Schwierigkeiten und scheinbar unüberwindbaren Hindernissen im Leben fertig zu werden. Hierzu braucht es aber die Erkenntnis, was genau uns die Schwierigkeiten im Alltag bereitet. Oft suchen wir die Ursachen für unsere Probleme an der falschen Stelle, im Außen. Yoga, insbesondere das *Yogasutra* des Patanjali, eine des wichtigsten Schrfiten aus dem Yoga, hilft uns zu erkennen, dass wir selbst für unsere Gedanken und Handlungen verantwortlich sind, und zu sehen, wo wir uns selbst mit unserem Denken und Handeln auf subtile Weise bekämpfen.

Um diese Wirkmechanismen in der Gänze zu erkennen, müssen wir allerdings einen klaren Geist und eine offene Wahrnehmungsfähigkeit entwickeln. Nur zu schnell stellen sich uns Hindernisse in den Weg, die unsere Wahrnehmung verfälschen. Im *Yogasutra* des Patanjali werden diese Hindernisse als Kleshas bezeichnet. Dabei handelt es sich um kosmische Urkräfte, die jedem Menschen innewohnen. Sie führen dazu, dass wir die Welt auf eine subjektive Weise wahrnehmen und dadurch unser Denken und Handeln maßgeblich beeinflussen.

Die Folge davon ist, dass in uns Unzufriedenheit, Leid oder Gefühle von Enge und Unfreiheit entstehen. Und sie vermitteln uns immer das Gefühl, ständig gegen oder für etwas kämpfen zu müssen. Die Kleshas – die subjektive Wahrnehmung, die Ichbezogenheit, die Gier, die Ablehnung und die Angst – beeinflussen unser Leben so vehement, dass wir laut dem *Yogasutra* sowohl gleichmütig als auch diszipliniert unser Augenmerk auf sie richten müssen und zwar Zeit unseres Lebens.

Das *Yogasutra* zeigt uns auch einen Weg auf, wie wir lernen können, die Wirkung der Kleshas so gut wie möglich zu reduzieren. Allerdings hält es hierzu eine gute und eine schlechte Nachricht bereit. Die schlechte Nachricht zuerst: Laut dem *Yogasutra* kann man keines der Kleshas vollkommen überwinden. Die Kleshas sind allgegenwärtig und infolgedessen oftmals so subtil, dass sie nur dann offensichtlich sind, wenn ein Klesha stark wirksam ist. Dann werden ihre Folgen für andere Menschen offensichtlich, was aber längst nicht heißen muss, dass der betroffene Mensch in einer solchen Situation sich selbst dieser Auswirkung bewusst ist. Die gute Nachricht hingegen lautet: Mittels der entsprechenden Praxis bestehend aus Asanas, Meditation, Atemübungen usw., aber auch eines achtsamen Umgangs mit uns selbst und anderen können wir erkennen, wann ein Klesha durch uns hindurch wirkt. Je wachsamer wir sind und je mehr wir uns bewusst sind, dass die subjektive Wahrnehmung, die Ichbezogenheit, die Gier, die Ablehnung und die Angst – mal mehr, mal weniger subtil – durch uns hindurch wirken, desto eher werden wir erkennen, wann wir von ihnen beeinflusst werden.

Um die subtile Wirkweise der Kleshas aufzuzeigen, habe ich für jedes Klesha einige Geschichten zusammengestellt. Vielleicht erkennen Sie sich selbst hier und dort wieder und sehen, dass wir niemals gefeit davor sind, dass ein Klesha auch durch uns hindurch wirkt, egal wie intensiv unsere spirituelle Praxis auch sein mag.

ॐ

Geschichten über die subjektive Wahrnehmung

> avidyā = falsches Verstehen

Wer kennt sie nicht, die Geschichte von dem Seil, das fälschlicherweise für eine Schlange gehalten wird. Oder wer hatte nicht schon einmal die rosarote Brille auf, als er verliebt war. Diese Beispiele verdeutlichen, dass wir die Tendenz haben, das Leben nicht so zu sehen, wie es ist. Stattdessen betrachten wir es auf unsere ganz eigene, subjektive Weise. Dabei sind es meist kulturelle Aspekte, z. B. unsere Religion, unsere Erziehung oder unsere Biografie, die unseren Blick auf die Welt beeinflussen. Sie wirken so intensiv und so subtil zugleich durch uns hindurch, dass wir die ganze Welt, andere Menschen, deren Verhaltensweisen, sogar Tiere stets »verzerrt« wahrnehmen. Das führt dazu, dass wir Unreines für rein, Falsches für richtig, Vergängliches für ewig, Schlechtes für gut und Glaubenskonzepte für Wahrheiten halten. Wenn wir die subjektive Wahrnehmung nicht erkennen, projizieren wir, ehe wir uns versehen, schlechte Verhaltensweisen, negative Charakterzüge oder – schlimmer noch – böse Absichten in einen anderen Menschen hinein. Infolgedessen kommt es zum Streit zwischen zwei Menschen, zwei Gruppen oder zwei Ländern. Denn jeder beharrt auf seiner Meinung und glaubt, »recht« zu haben, und vertritt die Ansicht, dass die eigene, die subjektive Sicht auf die Welt die einzig wahre ist und – schlimmer noch – dass nur diese ein Recht auf Existenz und Durchführung hat.

Selbst vor dem Yoga macht *Avidyā* nicht halt, denn nicht selten hält die eine Yogarichtung sich für die beste und lehnt andere ab. Extreme Yogis verurteilen Menschen, die Fleisch essen, weil sie glauben, dass nur Vegetarier gute Menschen sind. Wieder andere glauben, dass nur Menschen, die Yoga praktizieren, verstehen, worum es im Leben geht. Sie stellen sich gerne über jene Menschen, die keine Erfahrung mit Yoga haben oder keinen Zugang dazu finden.

Avidyā ist dem Yogasutra zufolge der Ursprung aller anderen *Kleshas* und somit das Haupthindernis auf dem Wege zu größerer innerer Ruhe und Zufriedenheit.

Alles ist Yoga

Vor einigen Jahren organisierte ich gemeinsam mit 40 Yogaschulen ein Event. Alle Studios hatten an diesem Tag ihre Studiotüren geöffnet, sodass Neugierige kostenlos an verschiedenen Yogastunden teilnehmen konnten. Für das gemeinsame Abschlusskonzert des Events hatte ich ganz bewusst eine kleine, etwas heruntergekommene Bar ausgewählt, die ein breites Spektrum an Veranstaltungen anbot: Lesungen, Hardrock- und Klassikkonzerte usw. Da auch die Yogaschulen ein breites Spektrum an verschiedenen Stilen vertraten, schien mir eine solche Bar der richtige Ort.

Ich hatte noch einen weiteren Grund für meine Auswahl. Eine Yogalehrerin hatte mir einmal eine umfassende, ganzheitliche Sicht nahegebracht: »Alles ist Yoga!« Sie sagte mir diese Worte von Sri Aurobindo immer wieder, wenn ich mich mit der Bewältigung meines Alltags schwertat und zweifelte, haderte, bewertete und kritisierte. Dieser Satz hatte mich damals berührt und meine Sicht auf Yoga und das Leben allgemein sehr verändert.

Auch diese Yogalehrerin war zum Abschlusskonzert eingeladen. Als sie am Abend kam, war sie verwundert darüber, dass das Abschlusskonzert, bei dem heiligen Mantren rezitiert werden sollten, in solch einer heruntergekommenen Bar stattfinden sollten. Sie verließ die Bar bereits nach einer halben Stunde. Danach sahen wir uns viele Monate nicht.

Bei unserem nächsten Treffen sprachen wir dann über diesen Abend. »Wie konntest du nur in einer so heruntergekommenen Bar ein Abschlusskonzert veranstalten, bei dem heilige Mantren rezitiert werden?«, fragte mich die Yogalehrerin. Darauf antwortete ich: »Ich hatte diese Bar bewusst gewählt und dabei an den Satz »Alles ist Yoga« gedacht. Wenn ich meine subjektive Sichtweise überwinde, ist das Göttliche schließlich überall – auch zwischen und in Whiskey- und Bierflaschen und den Toiletten solch einer Bar.« Erstaunt schaute sie mich an, senkte etwas den Kopf und meinte: »Naja, alles ist Yoga, aber doch nicht so eine heruntergekommene, alte Bar.«

Der Bauer und der junge Dieb

Es lebte einmal ein einfacher Bauer mit seiner Familie am Rande eines Dorfes im Süden von Sikkhim. Eines Tages wollte der Mann für den nahenden Winter Holz hacken. Aber so sehr er sich auch bemühte, er konnte seine Axt nicht wiederfinden. Nach einer Stunde gab er die Suche auf und kam zu dem Schluss, dass jemand die Axt entwendet haben musste.

Er brauchte nicht lange zu überlegen, wer der Dieb sein könnte. Sofort kam ihm ein Nachbarjunge in den Sinn. Und plötzlich gingen dem Bauern einige Situationen der letzten Tage durch den Kopf, in denen dieser sich sehr eigenartig verhalten hatte. Ja, der Mann war sich plötzlich sogar sicher, dass der Junge ging wie ein Dieb, aussah aus wie ein Dieb, misstrauisch schaute wie ein Dieb, nervös reagierte wie ein Dieb und sprach, wie nur Diebe sprechen konnten.

In den folgenden Tagen beobachtete er den Jungen sehr genau, fand aber nicht die rechte Gelegenheit, ihn auf den Diebstahl anzusprechen. Und dann fand der Bauer seine Axt wieder. Sie war ihm hinter einen großen Strohballen gefallen. Er schämte sich dafür, dass er dem Jungen den Diebstahl unterstellt hatte. Und als der Bauer den Jungen das nächste Mal sah, ging und sprach dieser – in seinen Augen und Ohren – schon wieder wie jedes andere Kind in Sikkhim.

Wahrhaft gut und böse ॐ

Von Zeit zu Zeit prüfte Lord Krishna die Weisheit seiner Könige. Eines Tages ließ er König Duryodana zu sich rufen. Duryodana war im ganzen Königreich und weit über die Grenzen des Landes für seine entsetzliche Grausamkeit und seinen Geiz bekannt. Seine Untertanen, aber auch seine Familie und Verwandten lebten in Angst und Entsetzen mit ihm.
Lord Krishna trug dem König die Aufgabe auf, die ganze Welt zu bereisen, um ihm einen wahrhaft guten Menschen zu bringen. Duryodana machte sich gehorsam auf die Reise und suchte auf der ganzen Welt, wie ihm befohlen. Nach zwei Jahren kehrte er von seiner Suche zu Lord Krishna zurück und sagte: »Ich habe getan, wie befohlen, und die ganze Welt nach einem wahrhaft guten Menschen abgesucht. Aber es war mir nicht möglich, irgendwo einen solchen Menschen zu finden. Wer immer mir begegnet ist, war selbstsüchtig, böse und oft sogar sehr grausam. Nirgends gibt es diesen guten Menschen, den du suchst.«

Lord Krishna schickte ihn fort. Dann ließ er König Dhammaraja zu sich kommen, um dessen Weisheit zu prüfen. Dieser König war im ganzen Land – und über die Grenzen hinaus – für seine Freigiebigkeit und Güte bekannt. Das ganze Volk liebte ihn, und seine Familie war immer zutiefst traurig, wenn er sie auf eine Geschäftsreise nicht mitnehmen konnte und manchmal alleine lassen musste. Krishna befahl ihm, die ganze Welt zu bereisen, um ihm einen wahrhaft bösen Menschen zu bringen. Auch

Subjektive Wahrnehmung

Dhammaraja gehorchte und kehrte nach fünf Jahren zu Krishna zurück und sagte reumütig: »Lord Krishna, ich habe versagt. Ich habe die ganze Welt nach einem bösen Menschen abgesucht. Mir sind Menschen begegnet, die irregeleitet sind. Dann sind mir andere Menschen begegnet, die aus Blindheit handeln. Aber so sehr ich mich auch bemüht habe, ich konnte nirgends einen wahrhaft bösen Menschen finden. Trotz all ihrer Fehler sind sie im Herzen gut.«

Der Apfelbaum   ॐ

Vier Yogaschüler trafen sich unter einem Apfelbaum. Obwohl sie seit vielen Jahren einmal die Woche zusammen Yoga praktizierten und sich gemeinsam intensiv mit der Yogaphilosophie beschäftigten, waren sie immer noch sehr von ihren subjektiven Sichtweisen auf die Welt geprägt. Dies wurde besonders deutlich, als sie sich über den Apfelbaum unterhielten.

Der eine, ein begnadeter Koch, sah die roten, prallen Äpfel und sagte: »Aus diesen saftigen Äpfeln werde ich bald einen köstlich schmeckenden Apfelkuchen zubereiten.« Der zweite Yogaschüler, ein träger, älterer Hausmeister hingegen meinte: »Oh je, wenn der nächste Regen kommt, muss ich alle Blätter zusammenkehren. Darauf habe ich keine Lust.« Der Dritte war ein ausgezeichneter Schreiner. Er teilte den anderen mit: »Dieser Baum hat gutes Holz. Daraus kann ich schöne Möbel schnitzen, die viele Menschen erfreuen werden.«

Der vierte Schüler war ein Maler und sprach beim Anblick des Apfelbaums: »Diesen Baum werde ich malen.« Und er dachte mit keiner Sekunde daran, was er mit den Äpfeln, dem Laub oder dem Holz machen könnte. So sah jeder den Teil der Wirklichkeit, der zum eigenen kleinen inneren Universum gehörte.

Zwei Stöckchen

Ein Guru wurde nicht müde, seinen zahlreichen Schülern zu sagen, dass die Welt, die sie sehen, nicht der Wirklichkeit entspreche, sondern ganz alleine ihre subjektive Wahrnehmung widerspiegele. Gerne führte er das Beispiel von dem Stock an, den viele Menschen im Dämmerlicht mit einer Schlange verwechseln. Die meisten seiner Schüler gaben sich mit diesem Beispiel zufrieden.
Doch der Guru hatte einen intellektuellen Schüler. Um auch ihn zu überzeugen, nahm er zwei Stöckchen und legte sie in Form eines L auf den Boden. Dann fragte er den Schüler: »Was siehst du hier?« »Den Buchstaben L«, antwortete der Schüler. »Das habe ich mir gedacht, dass du mir diese Antwort geben würdest«, erwiderte da der Guru mit einem Lächeln auf seinen Lippen. »Es gibt an sich keinen Buchstaben L. Was du vor dir siehst, sind zwei abgebrochene Zweige. L ist eine Bedeutung, die du ihnen gibst.«

Gespräch der Zwillinge   ॐ

Zwillinge, deren Geburt in nur wenigen Tagen bevorsteht, führen in der Gebärmutter folgendes Gespräch miteinander:
»Glaubst du eigentlich an ein Leben nach der Geburt?«
»Ja, ich glaube daran. Unser Leben hier ist nur dazu gedacht, dass wir wachsen und uns auf das Leben nach der Geburt vorbereiten, damit wir stark genug sind für das, was uns erwartet.«
»So etwas kann es doch nicht geben. Wie soll denn das Leben nach der Geburt überhaupt aussehen?«
»Das weiß ich nicht genau. Aber es wird dort sicher viel heller sein als hier. Und vielleicht werden wir herumlaufen und uns über unseren Mund ernähren?«
»Sich über den Mund zu ernähren ist eine komische Idee. Wir haben doch die Nabelschnur. Außerdem ist die Nabelschnur doch viel zu kurz, als dass wir herumlaufen könnten.«
»Doch, es geht ganz bestimmt. Es wird eben alles nur ein bisschen anders sein.«
»Es ist noch nie einer zurückgekommen von nach der Geburt. Mit der Geburt ist das Leben zu Ende. Und das Leben ist dunkel und eine Quälerei.«
»Auch wenn ich noch nicht wirklich weiß, wie das Leben nach der Geburt aussehen wird, so werden wir jedenfalls endlich unsere Mutter sehen. Und sie wird für uns sorgen.«
»Mutter? Du glaubst an eine Mutter? Wo ist sie denn, bitte?«

Subjektive Wahrnehmung

»Na hier, überall um uns herum. Wir sind und leben in ihr und durch sie. Ohne sie könnten wir gar nicht sein!«

»Quatsch, von einer Mutter habe ich noch nie etwas bemerkt, also gibt es sie auch nicht.«

»Doch, manchmal, wenn wir ganz still sind, kannst du sie singen hören oder spüren, wie sie unsere Welt streichelt.«

Der erleuchtete Hund ॐ

Die letzten zehn Tage einer unvergesslich schönen Indienreise verbrachten wir in Goa, einem Bundesstaat an der Westküste Indiens. Benaulim, ein kleiner Ort im Süden Goas, schien mir gerade der richtige zu sein, um die ganzen Eindrücke der Reise nachwirken zu lassen. Ich liebte diese Gegend, weil mich die kilometerlangen Sandstrände immer wieder aufs Neue zum Laufen, Entspannen und zum Sein einluden. Und ich liebte diese Gegend auch deshalb, weil hier für mich momentweise immer wieder etwas Mystisches in der Luft lag. Etwas Unbeschreibliches, mit Worten nicht Fassbares, etwas, das wohl auch Götter und Gurus geschaffen hatte. Etwas Heiliges, was sich für mich in der Unendlichkeit des Sandes und in der Weite des Horizontes widerspiegelte.

Wie an all den anderen Stationen der Reise zuvor hoffte ich, mehr oder weniger bewusst, auch hier immer noch insgeheim auf eine ganz besondere Begegnung – im Rhythmus der auf den Sand klatschenden Wellen, im Gesang des Windes, der durch Palmenblätter strich.

Herrenlose Hunde

So gingen die Tagen in Benaulim ins Land, und ich genoss die Strände fernab der Menschenmassen, die die Großstädte Indiens bevölkern. In den Morgenstunden hatten die Strände etwas Meditatives. Die meisten Touristen schliefen noch, während ich mit meiner Begleitung vor dem Frühstück wieder einen langen Spaziergang unternahm und die Stille des Morgens genoss. Während die

Subjektive Wahrnehmung

Fischer so früh am Morgen bei der Arbeit waren, spielten viele herrenlose Hunde am Strand. Straßenhunde genießen in Indien keinen guten Ruf, da sie Tollwut übertragen, was mitunter auch zu Todesfällen bei Menschen führt. Aus diesem Grund sehen viele Inder in ihnen ein leidiges Übel, treten die Hunde, verjagen sie oder bringen sie um. Nur von wenigen Menschen – meist von Tierschützern – werden sie als Lebewesen geschätzt. Abgemagert, sodass sich ihre Rippen unter dem von Flöhen behausten Fell abzeichneten, schlichen sie immer wieder zu den kleinen Restaurants am Strand und bettelten um Nahrung.

Am letzten Morgen unseres Urlaubs war unter den Hunden am Strand ein mittelgroßer, weiß-brauner Mischlingshund, den wir die Tage zuvor nicht gesehen hatten. Er ging auf ein kleines Restaurant zu. Der Besitzer, ein Inder mit durchdringendem Blick und einer großen, scharfen Nase, der offensichtlich über den Besuch des von Flöhen und anderem Ungeziefer besiedelten Vierbeiners nicht erfreut war, warf einen Stein nach ihm. »Hau ab! Lass dich hier nicht mehr blicken, du alter Bastard!«, drohte er dem Tier. Für ihn war er nur lästiges Tier, das die Touristen davon abhalten könnte, in seinem kleinen, schmuddeligen Restaurant zu frühstücken. Der Hund zog den Schwanz ein und lief dann ein Stück weiter den Strand entlang.
Während die anderen Hunde miteinander spielten, blieb er alleine, immer ein Stück von ihnen entfernt. Dann ging er in die Nähe eines kleinen Jungen, der gerade mit seinen Eltern zum Strand gekommen war und sein Handtuch ausbreiten wollte. Die Mutter reagierte ängstlich, sprang

leicht hysterisch auf und zog ihren Sohn am Arm zu sich. Sie versuchte, ihn davon zu überzeugen, wie gefährlich ein Spiel mit dem Hund sein konnte und verscheuchte diesen mit harschen Worten. Der Hund lief zunächst wieder zurück Richtung Meer und trottete wenig später zu dem Restaurant, in dem ich und meine Begleitung frühstückten. Dort legte er sich in einigen Metern Abstand vor den Eingang. Aber statt in unsere Richtung zu blicken und uns anzubetteln, zeigte sein Kopf in Richtung Meer.

Der Besitzer unseres Restaurants, ein kleiner Nepalese mit freundlichen, offenen Augen, schien sich im Vergleich zu dem anderen Restaurantbesitzer nicht an ihm zu stören. Ja, er schien ihn sogar zu mögen, da er ihm einen kleinen Napf mit Wasser brachte. Nun aber kamen verschiedene andere Hunde und bellten ihn an. Sie schienen nicht mit ihm spielen zu wollen, sondern behandelten ihn wie einen Aussätzigen. Wir waren erstaunt über die Reaktion der Tiere. Aber auch dieses Mal blieb der Hund ganz ruhig und trank unberührt von dem Geschehen um ihn herum das Wasser.

Das Verhalten des Hundes zog mich immer mehr in den Bann. Ich war von seinem Gleichmut förmlich angetan. »Wie sehr ruht er doch in sich selbst«, sagte meine Begleitung. »Die Äußerlichkeiten lassen ihn vollkommen unbeeindruckt!« »Ja, das scheint mir auch so«, stimmte ich zu, »er scheint vollkommen im gegenwärtigen Moment zu sein und vollkommen in sich zu ruhen. Wie bewunderns-

wert! Wie oft wünsche ich mir, mich nicht immer von Äußerlichkeiten ablenken zu lassen.«
So unterhielten wir uns eine ganze Weile über den Vierbeiner – und über Erleuchtung. Und während des ganzen Gespräches machte er nicht den Anschein, als würde ihn das Bellen der anderen Tiere sonderlich stören. Ich war so beeindruckt, dass ich zum dem Schluss kam, dass ein Wesen, welches sich so verhält, erleuchtet sein musste. Und wenn es erleuchtete Menschen gibt, warum dann nicht auch einen erleuchteten Hund. Warum sonst gab es so viele Geschichten von weisen Tieren: Neben Kühen werden sogar Ratten in Indien zutiefst verehrt und gelten als heilig. Warum sollte es nicht auch einen heiligen, sogar einen erleuchteten Hund geben? Sein ganzes Verhalten passte in mein Konzept von Erleuchtung. Ja, ich war mir sicher, dass er erleuchtet und vielleicht sogar die Reinkarnation eines großen Gurus war.

Ernüchternde Blicke

Wie gebannt starrte ich auf den Vierbeiner. Was würde er als Nächstes tun – oder nicht tun? Nachdem er den Napf mit Wasser ausgetrunken hatte, drehte er sich um und schaute zu mir herüber. So, als hätte er instinktiv gespürt, dass meine ganze Aufmerksamkeit auf ihn gerichtet war. Aber das, was ich jetzt sah, ließ mich zutiefst erschauern. Es waren nicht die strahlenden, ausdrucksstarken Augen eines erleuchtenden Hundes, die in meine Richtung schauten, sondern sie waren leblos und ausdruckslos. Darüber hinaus eiterte das linke Auge so stark, dass es mir bei diesem Anblick eiskalt den Rücken herunterlief. Und ich verstand, was ich nie erahnt hätte: Mein erleuchteter Hund war blind!

Die eiternde Wunde an seinem Auge ließ vermuten, dass der Hund sehr krank war und nicht mehr lang leben würde. Seine Ruhe, sein Gleichmut und sein Nichtreagieren waren also darauf zurückzuführen, dass er nichts mehr sehen konnte und – hier schlich sich bereits wieder ein neues Konzept in meinen Kopf ein – vielleicht schon innerlich mit dem Leben abgeschlossen hatte. So hatte Indien mir selbst am letzten Tag meines Urlaubs noch einmal zu verstehen gegeben, dass alles, ja selbst ein herrenloser Hund eine weitere, bunte Spiegelung meines eigenen Bewusstseins hervorruft – nicht mehr und nicht weniger.

Subjektive Wahrnehmung

Der Dorfbrunnen

Es gab einmal einen Maharadscha, der herrschte über einen kleinen Stadtstaat unweit der indischen Grenze. Er wurde von seinen Untertanen sehr geliebt, weil er als zugleich großzügig und weise galt.

Im Herzen dieses Stadtstaates gab es einen einzigen Brunnen, der wegen seines kristallklaren und kühlen Wassers weit über die Grenzen bekannt war. Weil das Wasser so köstlich war, kamen manchmal Reisende allein des Wassers wegen vorbei. Alle Bewohner der Stadt, auch der Maharadscha und seine Bediensteten, tranken daraus.

Eines Nachts, als das ganze Dorf schlief, schlich eine Dämonin in die Stadt und verseuchte den Brunnen. Sie sprach: »Wer immer von diesem Brunnen trinkt, soll verrückt werden!« Am nächsten Tag tranken alle Dorfbewohner wie üblich aus dem Brunnen – und wurden umgehend verrückt. Nur der Maharadscha nicht, denn er kehrte erst am späten Nachmittag von einer Reise heim.

Als nun die Dorfbewohner den Maharadscha sahen, flüsterten sie: »Der Maharadscha ist verrückt geworden. Der Maharadscha ist verrückt geworden.« Einige flüsterten sogar: »Wir können nicht mit einem verrückten Maharadscha leben. Wir müssen ihn stürzen und in den Kerker werfen!«

Während die Bewohner des Dorfes ihre Pläne schmiedeten und überlegten, wie sie den König am besten stürzen könnten, hatte der Maharadscha Durst bekommen und ging zum Brunnen, um daraus zu trinken. Er trank das Wasser in großen Zügen aus einem goldenen Becher und hatte das Gefühl, dass es so herrlich schmeckte wie schon lange nicht mehr.

Noch am gleichen Abend feierte man im Stadtstaat ein großes Fest, denn der König hatte den Verstand »wiedergefunden«.

Die Heimkehr des Sohnes

Es war einmal ein Königssohn, der von seinem Vater ausgeschickt wurde, das Geheimnis des Lebens zu entdecken. Danach sollte er die Thronfolge antreten. Die Jahre vergingen, und der Sohn kehrte nicht nach Hause zurück.
Der Königssohn erlebte auf seinen Reisen viele Abenteuer. Bei einem dieser Abenteuer wurde er beraubt, ohnmächtig geschlagen und dabei so schwer am Kopf verletzt, dass er dadurch nicht nur den Zweck seiner Reise vergaß, sondern auch seine Herkunft. Ihm blieb eine tiefe Sehnsucht, die er nicht benennen konnte. Diese Sehnsucht wurde zu seinem ständigen Reisebegleiter.
Eines Tages reiste der Königssohn, der mittlerweile ein armer Bettler war, durch seine Heimatstadt. Der König erblickte ihn und erkannte in ihm sofort seinen Sohn wieder, der Sohn hingegen war blind für seine Herkunft.
Der König wusste, dass es sinnlos wäre, seinem Sohn von dessen wahrer Herkunft zu erzählen. Deshalb sorgte er dafür, dass einer seiner Bediensteten sich mit ihm anfreundete. Der Bedienstete erzählte eines Tages dem Königssohn davon, dass sie beide beim König eine Anstellung als Schweinewirt haben könnten.
So kam es, dass der Königssohn wieder an den Hof seines Vaters zurückkehrte und sich mit den Jahren langsam hocharbeitete. Immer wieder erlebte er in dieser Zeit Momente, in denen er das Gefühl hatte, nach Hause gekommen zu sein. Aber er ließ dieses Gefühl nicht zu, weil er glaubte, dass er, ein armer, herumstreunender Bettler nicht würdig sei, sich in einem Königspalast zu Hause zu fühlen.

Schließlich rief der König, in der Zwischenzeit alt geworden, seinen Sohn zu sich und übergab ihm die Führung des Reiches. Dann offenbarte er ihm seine wahre Herkunft.

Geschichten über das falsche Verständnis der eigenen Person

āsmitā = falsches Verständnis der eigenen Person

Wir werden in eine Kultur, eine Gesellschaft, eine soziale Schicht und eine Familie hineingeboren und identifizieren uns möglicherweise unser ganzes Leben lang mit dem Geschlecht, der Rolle, dem »Ich«, welches wir in dieser Kultur, Gesellschaft bzw. Familie einnehmen. Dann sind wir die liebe Tochter, das schwarze Schaf, der charmante Neffe, später der unzuverlässige Arbeitskollege, die treue Frau, der charismatische Yogalehrer, die gute Mutter, der schlechte Liebhaber oder die brave Yogaschülerin.

Manchmal halten wir sogar Zeit unseres Lebens an ein und derselben Rolle fest, suchen im Äußeren immer wieder nach Bestätigung dafür und tun alles, um diese Rolle möglichst gut auszufüllen – vielleicht ohne sie ein einziges Mal in unserem Leben bewusst zu hinterfragen.

Aufgrund dieser Identifikation mit unserer Rolle bemerken wir nicht einmal, dass wir zwar Gefühle haben, aber diese Gefühle nicht sind, dass wir Gedanken haben, aber diese Gedanken nicht sind – und dass wir einen Körper haben, aber dieser Körper nicht sind.

Unsere Tendenz dazu, uns vollständig mit den jeweils vorherrschenden Gefühlen, Gedanken, Fähigkeiten und Eigenschaften zu identifizieren, führt zu einer Selbstbezogenheit, die sich entweder in Egoismus und Selbstüberschätzung oder aber in Minderwertigkeitsgefühlen ausdrückt – je nachdem, ob wir das Gefühl haben, in der Rolle des »guten« oder des »schlechten« Menschen zu sein.

Sind wir hingegen im Verlaufe unseres Lebens bereit, uns immer wieder die im Yoga zentrale Frage »Wer bin ich?« zu stellen und anschließend zu erkennen, dass wir die Rolle und die damit zusammenhängenden Gefühle und Gedanken in letzter Konsequenz nicht sind, dann kann dies zu einer großen inneren Befreiung führen.

Hoffnung auf Anerkennung

Norbert dachte immer, dass sein Guru ihm ganz besondere Anerkennung schenken würde, wenn er etwas ganz Außergewöhnliches leistete. Daher verbrachte er viele Jahre damit zu lernen, wie man auf dem Wasser geht. Nach zahlreichen Rückschlägen gelang es ihm endlich.

Er rief alle anderen Schüler des Ashrams zusammen, um ihnen seine neu erworbene Fähigkeit vorzuführen. Norbert glaubte, dass die Fähigkeit, über Wasser zu gehen, bedeuten würde, dass er spirituell große Fortschritte gemacht hätte. Stolz überquerte er den Weiher, der innerhalb des Ashramgeländes angelegt war.
Alle, die dem Schauspiel beiwohnten, waren zutiefst beeindruckt. »Ein Wunder«, riefen die einen. »Norbert ist erleuchtet«, riefen andere. »Lasst uns niederknien vor diesem Heiligen«, riefen wieder andere. Nach diesen Huldigungen wandte Norbert sich an seinen Guru: »Und dich habe ich damit nicht beeindruckt?« »Nun, Norbert, da ist eine Sache, die ich nicht ganz verstehe«, erwiderte der Guru, »warum hast du nicht einfach schwimmen gelernt, wie jeder andere auch?«

Niemand

Eines Tages stürzte ein Schüler von religiöser Leidenschaft erfüllt in seinem Ashram zum Altar. Er fiel auf die Knie nieder, schlug sich auf die Brust und rief aus: »Ich bin niemand, ich bin niemand.« Ein Mann, der dieser Szene zufällig beiwohnte, war ganz beeindruckt von der spirituellen Demut des Schülers. Er fiel ebenfalls auf die Knie und rief aus: »Ich bin niemand, ich bin niemand.« Ein weiterer Schüler, der gerade in den Raum kam, konnte ebenfalls nicht an sich halten. Er schloss sich den beiden anderen an und rief auf seinen Knien aus: »Ich bin niemand, ich bin niemand.«

Inzwischen hatte der Leiter des Ashrams unbemerkt neben dem Schüler, der dieses Schauspiel begonnen hatte, Platz genommen. Er stieß ihn an und fragte: »Wer denkt denn eigentlich, er sei niemand?«

Falsches Verständnis

Die rechte Hand Gottes

Vor einigen Jahren hatte ich einen Kunden, Herrn Maier, für den ich als Ghostwriterin tätig war. Herr Maier hielt sich für sehr spirituell, ja, er hielt sich sogar für die rechte Hand Gottes. Bestätigt wurde diese Annahme für ihn dadurch, dass er von einem Onkel in Amerika eine Million Dollar geerbt hatte.

Herr Maier bezahlte mich sehr großzügig, aber er war auch gleichzeitig sehr fordernd. Mal rief er mich morgens um sieben Uhr an, ein anderes Mal abends um zehn. Niemals fragte er, ob er stören würde. Er hatte in solchen Momenten immer das Gefühl, dass Gott durch ihn spräche und ich seine Aussagen sofort aufzuschreiben hätte. Was er mir am Telefon mitteilte, war jedoch sehr wertend. Herr Maier führte ein sehr asketisches Leben und lehnte nicht nur Alkohol-, Zucker- und Fleischkonsum ab, sondern auch Sexualität, Berührungen und alles, was mit Lebensfreude zu tun hatte. Er meinte, dass auch Gott nicht wolle, dass die Menschen Sex haben oder Freude bei der Sexualität empfinden. Auf Diskussionen ließ Herr Maier sich nicht ein. Schließlich sei er ja die rechte Hand Gottes, und dass Gott ihn liebe, sei ja dadurch bewiesen, dass er ihm das Erbe hatte zukommen lassen. An dem Tag, an dem ich ihm von meiner Bisexualität erzählte, endete unser Arbeitsverhältnis. Er war der Meinung, dass Gott bi- und homosexuelle Menschen ablehne und dass diese nicht verstünden, worum es auf dem spirituellen Weg ginge.

Vor einigen Wochen erfuhr ich zufällig von Herrn Maiers Tod. Er hatte mehrere Tage tot in seiner Wohnung gelegen, bevor man ihn fand. Menschen wie Herr Maier begegnen mir immer wieder: Sie halten sich für auserwählt, für Heilsbringer oder gar für Gottes rechte Hand. Dabei bemerken sie nicht, dass sie Opfer von fanatischen Konzepten ihres Verstandes geworden sind.

Was fehlt?

Einst lebte ein Sadhu, der war ein ungewöhnlicher Mann. Die Leute zitterten, sobald sie ihn erblickten. Er lachte nie. In seinen asketischen Übungen war er sich selbst gegenüber unerbittlich, denn er glaubte an die Läuterung durch selbst zugefügten Schmerz.

Zudem war er der festen Überzeugung, dass er als Sadhu ein Vorbild an Askese sein müsse. Deshalb war er bekannt dafür, dass er oft fastete und im Winter nur dünn gekleidet in der Kälte meditierte.

Eines Tages vertraute der Sadhu seinem Meister eine geheime Sorge an: »Ich habe ein Leben der Entsagung geführt und alle Gebote meiner Religion befolgt. Doch da ist etwas, das mir fehlt, und ich kann nicht herausfinden, was es ist. Können Sie es mir nicht sagen?« Der Meister sah ihn an und erwiderte: »Ja, das kann ich. Das Herz.«

Das Karmakonto

Es gab einmal einen Yogi, der lebte den yogischen Prinzipien entsprechend vorbildlich: Er praktizierte tagtäglich, rezitierte, meditierte, reinigte seinen Körper und seinen Geist. Sein ganzes Augenmerk war darauf gerichtet, im yogischen Sinne alles richtig zu machen.

Er praktizierte Karmayoga, half, wo immer er konnte, und hoffte insgeheim darauf, dass ihm dies in einem positiven Sinne auf sein Karmakonto angerechnet würde. Auch übte er sich in Bhaktiyoga und sah in allem und jedem Gott. Entsprechend hilfreich war er anderen Menschen gegenüber – auch hier in der Hoffnung, dadurch ein gutes Karma zu erlangen.

Als der Yogi im Sterben lag, ließ er sein Leben Revue passieren. Er dachte an all die Stunden der Meditation und der spirituellen Praxis, an die vielen, vielen Stunden des Karma- und Bhaktiyoga und hatte dabei das sichere Gefühl, ein wirklich yogisches Leben geführt zu haben.

Dann sah er im Moment des Todes die Abrechnung seines Karmakontos. Mit Erstaunen stellte er fest, dass er zwar für all seine yogischen Handlungen positive Karmapunkte bekommen hatte, aber es waren weitaus weniger, als er erhofft hatte. Für jede Handlung hatte er jeweils nur zwei Karmapunkte erhalten.

Insgesamt 100 positive Karmapunkte hatte der Yogi aber dafür bekommen, dass er einmal einen verlassenen Hundewelpen aufgenommen hatte. Er hatte den kleinen Hund über mehrere Wochen hinweg gepflegt und mit ihm sein Essen geteilt, bis er ihn schweren Herzens seinem Neffen schenkte, der sich in den Hund verliebt hatte. Und in der Zeit der Hege und Pflege des Welpen hatte der Yogi kein einziges Mal an sein Karmakonto gedacht.

Der Teufel, der sich langweilte

Ein Yogi hatte sich einst für mehrere Jahre in eine Höhle im Himalaya zurückgezogen. Als er seine Höhle wieder verließ und zum nächsten Dorf aufbrechen wollte, sah er den Teufel, der gelangweilt in der Nachmittagssonne unter einem Baum döste.

Der Yogi fragte ihn: »Du hier? Wieso bist du nicht mehr in Europa und stellst, so wie es deiner eigentlichen Natur entspricht, Unsinn an?« Der Teufel gähnte und antwortete traurig: »Viele Jahre hatte ich in Europa mit den nach Wahrhaftigkeit Suchenden zu kämpfen. Es war nicht leicht, sie zu überlisten. Aber seitdem es eine so große Anzahl an Möchtegern-Gurus gibt, die sich für erleuchtet und weise halten, habe ich nichts mehr zu tun. Sie langweilen mich einfach.«

Das freundliche Pulverfass

Frank arbeitet seit vielen Jahren an seinem spirituellen Wachstum. Er besitzt ein wunderschönes Yogastudio mitten in New York. Zu allen Besuchern des Studios ist er sehr freundlich und zuvorkommend und hilft, wo immer er kann. Selbst dann, wenn man ihn ärgert, versucht er, alles positiv zu sehen, und weiß auf alles eine Antwort aus der *Bhagavadgita*. Sein größter Wunsch ist es, dass seine Schüler ihn als Guru anerkennen.

Auf sensitive Menschen aber wirkte Frank schon immer wie ein geladenes Pulverfass. Dann und wann rastete er aus, etwa als es zu einem Streit zwischen ihm und seiner Lebensgefährtin kam, weil sie ihn betrogen hatte. Er wurde so wütend, dass er eine Vase zerstörte und auch eine Tür eintrat.
Am nächsten Morgen versuchte Frank wieder, gelassen und ruhig zu wirken. Sammy, ein indischer Yogalehrer, der damals ein Gastseminar bei Frank hielt, half ihm, die eingetretene Tür in den Keller zu tragen. Als die Männer die Kellertür öffnen wollten, klemmte sie, und als die Tür endlich offen war, ging das Licht nicht an.
Frank sah ratlos zu Sammy und fragte ihn: »Was will mir das wohl sagen?« »Hier in diesem Kellerraum schlummert deine Wut«, gab Sammy zur Antwort. »Es wird Zeit, dass du lernst, im Keller die Tür zu ölen und das Licht zu reparieren. Auch dieser Keller gehört zu dir, nicht nur dein wunderschöner Yogaraum. Ein wahrer Guru kennt alle seine Räume – sowohl die schönen als auch die dunklen.«

Das Nichts ॐ

Wie soll ich etwas beschreiben, was sich eigentlich nicht in Worte fassen lässt? Das Große, das Brahman, welches in den *Upanishaden* in poetischen Bildern beschrieben wird: »Jenes Lautlose, Unfühlbare, Gestaltlose, Unvergängliche, das ohne Geschmack, ohne Geruch ist, das Ewige, Anfanglose und Endlose, höher als das Große, unveränderlich, wer es erfahren hat, wird befreit aus des Todes Rachen.« (*Katha-Upanishad*, Teil 3)
Die Buddhisten tun sich ähnlich schwer, eine Einsicht in unser wahres Wesen, die auch als Einsicht in die Buddha-Natur bezeichnet wird, zu beschreiben. Einige buddhistischen Schulen verwenden negative Formulierungen, um zu sagen, was es nicht ist, andere Schulen verwenden positive poetische Beschreibungen, um uns dem näher zu bringen, was letztendlich nicht in Worte zu fassen ist: unserer wahren Natur. Im Christentum sieht man sich einem ähnlichen Problem gegenübergestellt und verwendet Bilder, um in Worte zu fassen, was ein Mensch erfährt, wenn er mit dem Unaussprechlichen, dem Göttlichen in Kontakt kommt, nach dem sich alle spirituell Suchenden sehnen. Auch mir fällt es nicht leicht, über das Erfahrene zu berichten – zumal ich das, was ich erfuhr, nicht einmal suchte, geschweige denn, dass ich damit gerechnet hatte, dass es mich zutiefst berührte und nachhaltig veränderte. Ja, es war gerade so, dass mich diese unmittelbare Erfahrung meiner selbst vollkommen überrollte, so, wie eine riesige Welle eine Sandburg überrollt und nichts von ihr übrig lässt.

Falsches Verständnis

Wer bin ich?

Bevor ich diese unmittelbare Erfahrung machte, gehörte ich zu den Menschen, die gerne selbstgedrehte Zigaretten rauchen, schwere Weine trinken und viele andere Dinge tun, von denen sie das Gefühl haben, dass das Leben erst mit ihnen wirklich Spaß macht. Ich glaubte, dass ein gutes Rockkonzert ohne einen Joint kein wirklich gutes Konzert sei, und ein kulinarisches Essen ohne den dazu passenden Wein erschien mir zu trocken. Auch alles andere, was auch nur im Ansatz nach »normalem Lebenswandel« roch, empfand ich als zutiefst spießig und langweilig – todlangweilig, um es genauer zu formulieren. Auf der anderen Seite spürte ich natürlich auch, dass mein Lebenswandel in gewisser Weise eine Flucht darstellte – und ich ein vollkommen falsches Verständnis von mir und dem Leben hatte.

Wovor ich floh, wusste ich aber nicht genau. Daher machte ich mich auf die Suche nach einer Antwort. So kam es, dass ich an einem »Enlightenment Intensive« teilnahm. Das ist eines jener Seminare, die sich von morgens 6 Uhr bis abends 22 Uhr mit der Frage »Wer bin ich?« beschäftigen. Durch die permanente Beschäftigung mit dieser Frage ohne äußere Ablenkung kann es zu einer solchen Erschöpfung des Verstandes kommen, dass man eine unmittelbare Erfahrung von dem machen kann, wer oder was man ist – oder wer oder was man nicht ist. Manchmal passieren diese direkten Erfahrungen fast unmerklich: Ein Teilnehmer sitzt da und macht eine unmittelbare Erfahrung des Seins, die sich dann schlicht in dem Satz »Ich bin!« äußern kann. Das hat zur Folge, dass sich die Frage

»Wer bin ich?« für diesen Menschen geklärt hat, ohne dass er das im ersten Moment erkennt.

Viele Teilnehmer denken, dass sich eine unmittelbare Erfahrung des Seins auf äußerst dramatische Weise äußern müsse. Schließlich kursieren genügend Geschichten aus dem Zen, dem Hinduismus, dem Buddhismus und dem Christentum, in denen Menschen unmittelbare Erfahrungen ihres Selbst machten und danach eine leuchtende Ausstrahlung hatten. Aber auch Geschichten, bei denen Menschen mystische Erfahrungen machten, die mit ekstatischen, körperlichen Phänomen einhergingen, gibt es viele an der Zahl.

Ich selbst machte keine Erfahrung davon, was ich bin, sondern davon, was ich nicht bin! Von einem Moment auf den anderen kam es in meinem Bewusstsein zu einem regelrechten Shift, und irgendetwas kippte, wurde mir bewusst, traf mich unmittelbar – irgendetwas ergriff mich auf jeden Fall bis in die letzte Zelle meines Seins. Mit einem Schlag wurde mir bewusst, dass meine tiefste Wahrheit die ist, dass ich nichts bin. Nicht in dem Sinne von »Versager« oder »Niete«, sondern in dem Sinne, dass alles, von dem ich glaubte, es zu sein oder zu brauchen, reine Illusion und meine wahre Natur leer ist. All jene Vorstellungen, dass ein gutes Konzert nur ein Konzert mit einem Joint zwischen den Lippen sei, ein gutes Abendessen nur dann ein kulinarischer Genuss sei, wenn der entsprechende Wein gereicht werde, dass Leben nur lebenswert sei, wenn ich um den halben Erdball reise – all jene Vorstellungen, die ich über mich und das Leben hatte,

Falsches Verständnis

waren von einem Moment auf den anderen hinfällig, verschwunden, und alles, was blieb, war nichts. So, als hätte eine einzige Welle eine Sandburg, die mein Weltbild und meine Vorstellungen von mir und meinem Leben darstellte, weggewaschen. Statt mich über diese mystische Erfahrung zu freuen, war ich zutiefst erschüttert. Erschüttert darüber, dass dieses Nichts von all dem, was ich glaubte zu sein und zu brauchen, und von all dem, was ich machte, um etwas Besonderes und anderes nicht zu sein, all die Jahre vollkommen unberührt geblieben war.

Mein ganzes Leben hatte ich mir in meinem Kopf eine eigene Welt geschaffen, die es eigentlich auf der absoluten Ebene nicht gibt, sondern die lediglich in meinem Geist von meinem Ich erschaffen wurde. Und in dieser nur in meinem Kopf existierenden Welt hatte mein Ich mir vorgegaukelt, bestimmte Dinge, aber auch gewisse Menschen oder scheinbar angenehme Lebensumstände zu brauchen, um glücklich zu sein. Und mein ganzes Leben hatte ich damit verbracht, viel Energie zu verschwenden, um mir diese Dinge, Menschen oder Lebensumstände zu beschaffen, obwohl sich oft gezeigt hatte, dass sie mich auf Dauer keineswegs so glücklich gemacht hatten, wie ich gedacht hatte. Und diese unmittelbare Erfahrung meiner wahren Natur, der Leere, des Nichts oder was auch immer ich mit Worten zu umschreiben versuche, was nicht in Worte zu fassen ist, zeigte mir, dass dieses Ich eigentlich gar nicht existiert und all meine Wünsche und Vorstellungen reine Illusionen sind. Mir fehlten die Worten, über diese Erfahrung zu sprechen, und es dauerte auch viele, viele Jahre, bis ich annähernd verstand, was damals passiert war.

Auch wenn mich diese unmittelbare Erfahrung meines eigenen Selbst an jenem Tag zutiefst erschütterte, so war sie in den darauf folgenden Wochen, Monaten und Jahren eine große Erleichterung. Denn alle Konzepte und Vorstellungen von dem, was ich glaubte zu brauchen, um glücklich zu sein, waren mit einem Mal weg, und mein Leben gestaltete sich um vieles leichter. Plötzlich war auch ein Konzert ohne einen Joint ein gutes Konzert und ein kulinarisches Abendessen auch ohne einen delikaten Wein ein Festessen. Es war aber auch genauso in Ordnung, auf kein Konzert zu gehen oder an einen kleinen Weiher in der Nähe der Stadt zu fahren, statt zum indischen Ozean zu reisen.

Natürlich begann mein Ich im Laufe der folgenden Wochen und Monate wieder damit, Vorstellungen und Illusionen davon zu entwickeln, was ich glaubte, zu brauchen oder nicht zu brauchen. Und mein Ich tut es auch heute noch mit großer Leidenschaft. So ist es nun mal, mein Ich: Kaum habe ich die eine Illusion erkannt und überwunden, erschafft es die nächste. Mal ist es die Vorstellung, mehr Yoga machen zu müssen, um mich körperlich wohler zu fühlen; mal der Glaube, ein intensives Gespräch mit bestimmten Freunden führen zu müssen, um mich verstanden zu fühlen; mal die Illusion, weniger Zucker oder mehr Salat essen zu müssen, um nicht ganz so ungesund zu leben. Aber eines bleibt gleich, egal, welcher Illusion ich gerade unterliege: mein Selbst, die Leere, das Nichts – das Gestaltlose, das Ewige. Dieses Nichts, meine wahre Natur bleibt von all dem, was ich tue oder lasse, vollkommen unbeeindruckt und wird es immer bleiben.

Geschichten über die Gier

rāga = drängendes Verlangen

Der größte Wunsch des Menschen ist es, glücklich zu sein. Darum versuchen wir alles Mögliche, um glückverheißende Erfahrungen zu machen oder zu wiederholen. So kann eine freudvolle Erfahrung oder Begegnung schnell in uns das Gefühl von »mehr« entstehen lassen und zu einem drängenden Verlangen werden. Dass wir sehr viel Geld, Zeit und Energie darauf verwenden, dieses drängende Verlangen zu befriedigen, macht sich vor allem die Werbung zunutze. Sie weiß genau, welcher Reize sie sich bedienen muss, um das Klesha *Rāga* in uns zu aktivieren. Aber Gier muss sich nicht auf materielle Dinge beschränken. Wir dürsten auch nach Gefühlen wie Liebe oder Anerkennung – und tun alles dafür, dass dieses Gefühl befriedigt wird.

Ja, selbst in Hinblick auf Spiritualität sind die Menschen von einer gewissen Gier getrieben und hungrig nach spirituellen Erfahrungen, Weisheit oder sogar Erleuchtung. So können wir z. B. ein schönes Erlebnis – wie ein Yogaretreat, bei dem wir eine tiefe spirituelle Erfahrung hatten – wiederholen wollen und deshalb anfangen, Yoga zu konsumieren, nur dieser einen Erfahrung wegen.

In einem gesunden Maße stellt ein drängendes Verlangen sogar die Basis für unser Leben und auch die Grundlage für unser spirituelles Bemühen dar. Wenn aber alle Gedanken nur noch um dieses Objekt, jenes Gefühl kreisen, wird das drängende Verlangen zu einem Hindernis, weil es unsere ganze Energie nimmt. Wie schädlich das drängende Verlangen ist, zeigt sich momentan besonders in der Wirtschafts- und der Bankenkrise, die dazu führt, dass ganze Systeme kollabieren, nur weil die Gier einzelner Menschen unermesslich war.

Gier

Der alte Yogi, der Chai über alles liebte ॐ

Im 18. Jahrhundert lebte in Nordindien in einem kleinen Ashram an den Berghängen des Himalayas ein alter Yogi. Dieser Yogi hatte eine ganz besonders große Vorliebe für einen Chai aus Nepal, der weit über die Landesgrenzen bekannt und geliebt wurde. Der Yogi tat nichts lieber, als morgens nach der Meditation im Schatten seiner Hütte zu sitzen und den Chai zu trinken. Hätte er wählen müssen, hätte er sogar eher auf sein Mittagessen verzichtet als auf diesen Tee.

Eines Tages wurde der alte Yogi krank. Aber trotz seines hohen Alters und seiner körperlichen Gebrechlichkeit gelang es ihm, jeden Morgen in die Küche des Ashrams zu gehen, wo ihm eine Tasse des köstlich duftenden Chais serviert wurde. Sein Gesundheitszustand verschlechterte sich allerdings innerhalb weniger Tage, und es kostete ihn jeden Morgen immer mehr Kraft, zur Küche zu gehen, wo man ihm inzwischen vor lauter Mitgefühl eine besonders große Tasse Chai servierte. Nach einigen Wochen aber konnte er nicht mehr allein laufen und ließ sich von zwei jungen Yogis stützen – nur damit er weiterhin jeden Morgen in die Küche gehen konnte, um seinen Chai abzuholen. Er war bereits so krank, dass jeder im Ashram sich wunderte, dass der Yogi überhaupt noch lebte.
Dann kam ein bekannter Sadhu zu Besuch in den Ashram. Der alte Yogi und der Sadhu kannten sich bereits seit vielen Jahren. Der Sadhu wusste um die Vorliebe des Yogis für den Chai. Er suchte den Kranken auf und fragte

ihn nach seiner Gesundheit. »Nun ja«, erwiderte der Alte, »ich bin zwar krank, aber ich hole mir immerhin noch jeden Morgen meinen Chai ab. Ihr wisst ja, dass ich diesen Chai aus Nepal schon immer geliebt habe!« »Ja, das weiß ich«, gab der Sadhu zurück.

Und der Sadhu fuhr fort: »Ich weiß nicht, ob du auch davon gehört hast, aber der Chai im Nirvana muss noch viel, viel besser schmecken als der unsere hier. Und außerdem bekommt man dort so viel davon, wie man will.« Da wurde der alte Yogi hellhörig und fragte: »Seid ihr ganz sicher?« »Ja, natürlich«, antwortete der Sadhu, »mein eigener Guru hat es mir erst letzte Woche erzählt.« »Nun ja, wenn der es gesagt hat, dann wird es wohl der Wahrheit entsprechen«, meinte der Alte.

Danach plauderten die beiden noch eine Weile miteinander über dieses und jenes, lachten über gemeinsame Erfahrungen und verbrachten dann noch eine Weile schweigend beisammen. Zum Abschied umarmten sie sich und verbeugten sich noch einmal voreinander als Zeichen des tiefen Respekts, den sie immer füreinander empfunden hatten. Bereits in der nächsten Nacht starb der alte Yogi. Als der Sadhu am nächsten Morgen zu ihm ans Totenbett trat, fand er den Toten mit einem zufriedenen Lächeln auf seinem Gesicht vor.

Neuntausend Euro

Claudia war eine geschäftstüchtige Frau, die in Amsterdam einige Yogastudios besaß. Bereits am Ende des ersten Geschäftsjahres nach der Eröffnung ihrer vierten Filiale zeichnete sich ab, dass auch dieses Studio viele Menschen anziehen würde. Nachdem sie ihre Jahresbilanz Schwarz auf Weiß vorliegen hatte, hatte sie des Nächtens einen vielsagenden Traum.

Ein unsichtbarer Geber zahlte ihr die Einnahmen des Monats bar aus. Als Claudia neuntausend Euro in ihren Händen hielt, beendete der unsichtbare Geber die Auszahlung.

»Ich muss aber unbedingt zehntausend Euro haben – ich möchte doch noch ein fünftes Studio eröffnen!«

Claudia verlangte so laut nach dem Geld, dass sie schließlich selbst davon aufwachte. Als sie merkte, dass die neuntausend Euro wieder verschwunden waren, schloss sie reumütig die Augen. Flehend murmelte sie gen Himmel: »Also gut, gib sie her, die neuntausend Euro. Ich bin auch mit vier Studios zufrieden.«

Die verwitwete Dame

Schon seit vielen Jahrhunderten und überall auf der Welt gibt es auch unter den Gurus solche, die es lieben, sich mit einflussreichen und vermögenden Menschen zu umgeben. Eines Tages war einer dieser Gurus zu einer großen Wohltätigkeitsgala eingeladen worden, auf der man ihn einer verwitweten Dame vorstellte. Es hieß, dass sie zu den reichsten Frauen der Stadt gehörte. Um sich aber genaue Gewissheit über das Vermögen der Dame zu verschaffen, beauftragte der Guru einen Detektiv. Er bat ihn, entsprechende Nachforschungen zu unternehmen.

Schon einen Tag später erhielt der Guru von seinem Detektiv eine E-Mail: »Besagte Dame verfügt über ein beträchtliches Vermögen, mehrere Häuser und vieles mehr – möglicherweise aber nicht mehr lange. Sie gilt als sehr naiv, und in ihrem Umfeld kursiert neuerdings das Gerücht, dass sie einem jener Gurus aufgesessen sei, die einen sehr zweifelhaften Ruf haben und sich gerne mit einflussreichen und vermögenden Menschen umgeben.«

Gier

Die Vertrauensfrage

Frank, Markus, Christian und Peter brachen für einige Monate nach Indien auf. Sie wollten dort in einen Ashram, dessen Meister auch im Westen für seine Weisheit sehr bekannt war, aufgenommen werden, um Erleuchtung zu erlangen. Als sie im Ashram ankamen, stellten sie sich beim Meister vor. Sie baten ihn darum, als seine Schüler aufgenommen zu werden, und betonten, dass sie nur bei ihm lernen wollten.

Nachdem der Meister sich ihr Anliegen angehört hatte, stellte er ihnen folgende Fragen: »Wer von euch interessiert sich mehr für Frauen als für Askese? Wer von euch interessiert sich mehr für Sensationen als für die Wahrheit? Wer von euch gönnt eher sich selbst die Erleuchtung als dem anderen? Und wer von euch ist gierig und selbstbezogen?« Keiner der Männer hob die Hand.

Der Meister führte die vier in die Meditationshalle des Ashrams, in der gerade einige seiner Schüler meditierten. Er unterbrach die Meditation und fragte die Schüler: »Wer von euch interessiert sich mehr für Frauen als für Askese? Wer von euch interessiert sich mehr für Sensationen als für die Wahrheit? Wer von euch gönnt eher sich selbst die Erleuchtung als dem anderen? Und wer von euch ist gierig und selbstbezogen?« Alle Anwesenden standen auf.

Daraufhin wandte sich der Meister seinen westlichen Gästen zu und sprach: »Fahrt lieber wieder nach Hause, und überlegt euch genau, ob ihr so werden wollt, wie meine Schüler. Schon seit vielen Jahren leben sie hier im Ashram. Und wie es scheint, sind sie weitaus weniger fortgeschritten als ihr!«

— Gier

Der diebische Schüler   ॐ

Es lebte einst ein Guru mit seinen Schülern in seinem Ashram. Es kam der Tag, an dem einer der Schüler erwischt wurde, als er den köstlichen Reiskuchen, der für alle Schüler bestimmt war, aus der Vorratskammer stehlen wollte. Der Guru ermahnte den Dieb vor den anderen Schülern und ging bald darauf zur Tagesordnung über. Eine Woche später wurde der gleiche Schüler dabei ertappt, wie er Brot und Fisch stehlen wollte. Auch dieses Mal ermahnte der Guru den Dieb vor den anderen – und ging bald darauf wieder zur Tagesordnung über.
Als eine weitere Woche ins Land ging und dieser Schüler wieder beim Stehlen von Lebensmitteln erwischt wurde, reagierten die anderen Schüler des Ashrams mit Ärger und gingen versammelt zu ihrem Guru. »Guruji«, sprachen sie, »jetzt ist es an der Zeit, dass du den Dieb aus dem Ashram wirfst. Wir möchten nicht länger zusammen mit einem solchen Menschen leben. Er hat nichts von deinen spirituellen Lehren verstanden. Er ist nach sechs Monaten hier im Ashram immer noch genauso gierig wie am ersten Tag.«
Daraufhin erwiderte der Guru: »Ihr habt recht! Und da ihr anderen anscheinend verstanden habt, worum es bei Spiritualität geht, möchte ich euch vorschlagen, dass ihr das Kloster verlasst. Ihr seid offensichtlich schon alle erleuchtet. – Ich aber werde mich um den diebischen Schüler kümmern. Er ist derjenige, der meine Hilfe braucht, denn er allein hat immer noch nicht verstanden, worum es geht.«

Himmel und Hölle ॐ

Eines Tages kam ein Schüler zu seinem Guru, der bekannt dafür war, sich mit allen Religionen sehr gut auszukennen, und fragte ihn: »Guruji, wie sieht es an dem Ort aus, der Hölle genannt wird?« Der Guru antwortete: »Die Hölle ist ein einziger großer Saal. Darin steht eine einzige große Tafel mit köstlichsten Speisen, zahlreichen Delikatessen und besten Weinen. Die zahlreichen Menschen, die um diese Tafel herumstehen, haben steife Handgelenke und halten Messer und Gabeln mit überlangen Stielen in den Händen, die an ihre Handgelenke gebunden sind. Jeden Tag um 12 Uhr warten sie aufs Neue darauf, dass das Startsignal gegeben wird und sie endlich zu essen anfangen dürfen. In diesem Saal ist es fürchterlich stickig, und die Gäste stehen so eng gedrängt um die Tafel herum, dass sie immerzu versuchen, sich gegenseitig zu verdrängen, um selbst nur nah genug an der Tafel zu sein. Um Punkt 12 Uhr ertönt endlich der Gong, und alle stürzen sich auf die Speisen und hantieren mit ihrem überlangen Besteck herum, stoßen sich gegenseitig zur Seite und erreichen nichts. Dadurch werden sie immer gieriger und immer wütender – und fuchteln immer heftiger mit dem Besteck herum, bleiben aber wiederum erfolglos.« Der Guru hielt einen Moment inne und sagte dann: »So sieht es in der Hölle aus.«

Diese Vorstellung machte dem Schüler Angst. Und dann fragte er seinen Guru: »Guruji, wie sieht es an dem Ort aus, der Himmel genannt wird?« Der Guru antwortete: »Im Himmel gibt es ebenfalls einen großen Saal. Darin steht eine Tafel mit köstlichen Speisen. Auch hier stehen die Menschen um die Tafel herum, allerdings nicht so dicht gedrängt, da nicht so viele Menschen im Himmel sind. Aber auch diese Menschen haben steife Handgelenke, und an ihren Handgelenken sind Messer und Gabeln mit überlangen Stielen befestigt. Auch hier ertönt jeden Tag um 12 Uhr ein Gong, der das Buffet eröffnet. Die Menschen schneiden mit ihrem Besteck die Speisen, füttern sich gegenseitig, haben Freude, feiern zusammen und lieben sich zwischendurch. Sodann füttern sie sich wieder aufs Neue. Und je mehr sie essen, feiern und sich lieben, desto gieriger werden sie – und umso mehr essen sie, feiern sie und lieben sie sich usw.« Der Guru hielt wieder einen Moment inne und meinte dann: »So sieht es im Himmel aus. Auch wenn wir glauben, dass es im Himmel besser ist, so kann die Gier selbst hier zu einem großen Hindernis werden.«

Gierig oder gut? ॐ

Die Beleuchtung im Yogastudio von Paul funktionierte nicht mehr. Alle Versuche von Paul, sie zu reparieren, misslangen. Da Paul geizig und gierig war und sich stets nur dafür interessierte, seinen eigenen Umsatz zu steigern, wollte er keinen Handwerker kommen lassen. Darum bat er Freunde, Bekannte und später auch einige seiner Yogaschüler, ihm die Beleuchtung in seinem Studio zu reparieren. Er versuchte, ihnen diese Dienstleistung unter dem Aspekt des Karmayoga schmackhaft zu machen. Aber von ihnen war keiner in der Lage, die Reparatur vorzunehmen.

Schließlich rang Paul sich durch, einen Elektriker kommen zu lassen. Dieser schaute sich den Lichtschalter an, montierte den Schalter ab und beobachtete alles ganz genau. Schließlich nahm er einen Schraubenzieher, drehte an einer Öse etwas nach links und an einer anderen etwas nach rechts – und mit nur zwei kleinen Umdrehungen setzte er die Beleuchtung im Yogastudio wieder instand. Die Lichter strahlten so, als ob es nie einen Defekt gegeben hätte.

Als einige Tage danach Paul die Rechnung des Elektrikers erhielt, war Paul erstaunt – und er wurde sehr ärgerlich. Noch am gleichen Tag rief er den Elektriker an und fragte wutschnaubend: »Du willst 150 Euro von mir, obwohl du nur zwei kleine Umdrehungen mit dem Schraubenzieher gemacht hast?« »Lieber Freund«, erwiderte der Elektriker mit freundlicher Stimme. »Für die Umdrehungen berechne ich jeweils 10 Euro, 130 Euro aber verlange ich für mein

Wissen, das ich in all den Jahren angesammelt habe. Denn nur dadurch weiß ich genau, wo es eine kleine Umdrehung rechtsherum und eine kleine Umdrehung linksherum braucht.«

Was übersehe ich denn? ॐ

Es gab einmal einen sehr ehrgeizigen Yogi. Er hatte sich vorgenommen, noch in diesem Leben die Erleuchtung zu erlangen. Man könnte behaupten, dass er so gierig war, spirituellen Fortschritt zu machen, dass er ausschließlich an sich selbst dachte. Der spirituelle Fortschritt der anderen Yogis, die im gleichen Ashram wie er lebten, interessierte ihn nicht mehr. Darüber hinaus verlangte er von den anderen im Ashram häufig absolute Perfektion in Hinblick auf die Durchführung der Asanas, die Sitzhaltung während der Meditation und die Rezitation der Mantren. Deshalb war er bei vielen im Ashram sehr unbeliebt.

Eines Nachts erschien dem Yogi im Traum ein Lichtwesen. Dieses Wesen sprach zu ihm: »Du hast einen Wunsch frei!« Der Yogi bat das Lichtwesen, ihn direkt zu Krishna zu führen, um direkt von Gott zu erfahren, wie er die Erleuchtung erlangen könnte. Der Yogi setzte sich vor die Tür und wartete die ganze Nacht geduldig auf eine Antwort. Dann sah er Krishna, und dieser schaute dem Yogi tief in die Augen, ohne ihm eine Antwort auf seine Frage zu geben. Später in der Nacht hörte der Yogi eine Stimme, die fragte: »Übersiehst du nicht etwas?« Er sah sich um und hörte die Stimme plötzlich von allen Seiten. »Übersiehst du nicht etwas? Übersiehst du nicht etwas?« Der Yogi hatte Angst, er sei verrückt geworden, und sehnte sich darum nach dem Beistand eines Menschen. Er stand auf und klopfte an einem der Zimmer im Ashram an, in dem einer der anderen Yogis schlief. »Was ist?«, fragte eine verschlafene Stimme. – »Was übersehe ich denn?« – »Mich«, lautete die Antwort. Der Yogi ging zum nächsten Zimmer, klopfte und fragte erneut. Er erhielt die gleiche Antwort. Da ging die Sonne auf, und weil kein Mensch ihm eine zufriedenstellende Antwort gab, fragte er die Sonne: »Was übersehe ich denn?« – »Mich.« In seiner Verzweiflung warf sich der Yogi auf den Boden. Und er fragte die Erde – und diese antwortete: »Mich auch.«

ॐ

Geschichten über unbegründete Ablehnung

dveṣa = unbegründete Abneigungen

Ein ähnlich starkes Hindernis wie die Gier stellt unbegründete Ablehnung dar. Es geht oft bei uns selbst los: Wir lehnen unser Äußeres ab, weil wir z. B. unseren Busen zu klein, die Beine zu dick und die Nase zu groß finden. Die Medien und die Wirtschaft tragen ihren Teil dazu bei und vermitteln uns Schönheitsideale, die mit der Realität nicht mehr viel gemeinsam haben. Oder wir entsprechen nicht den Wunschvorstellungen unserer Eltern oder der Gesellschaft und lehnen uns deshalb selbst ab, weil wir nicht schlau, lieb, intelligent oder charmant genug sind. Wir lehnen unsere Gier, unsere Lust und unsere Fantasien ab, ganz abgesehen von unserer Wut, unserer Aggression und unserer Trägheit.

Aber auch gegenüber anderen Menschen sind wir nur unwesentlich toleranter als uns selbst gegenüber. Wir lehnen einen Menschen ab, weil er eine andere Hautfarbe hat, einen anderen Glauben besitzt, einer anderen Gesellschaftsklasse angehört oder andere sexuelle Vorlieben hat als wir selbst. Überhaupt sind die meisten von uns in Hinblick auf das Leben allgemein gefangen in Abneigungen. Wir mögen keinen Regen, Schnee oder feuchtwarmes

Klima. Wir hassen das Finanzamt, die Polizei oder den Buskontrolleur. Wir lehnen Volksmusik, Punk oder Hardrock ab, da wir sie langweilig, altmodisch oder dumm finden. Andere Yogastile als den, den wir selbst praktizieren, finden wir zu oberflächlich, zu hipp, zu körperbetont oder zu spirituell. Wir bewerten alles und jeden um uns herum – und wenn wir uns mit fremden Menschen unterhalten, bauen wir Gespräche häufig auf negativ bewerteten Aspekten auf.

Intolerant bewerten wir Dinge, Ansichten oder Menschen negativ, ohne sie differenziert hinterfragt zu haben. Vorschnell fällen wir ein negatives Urteil über einen anderen Menschen, nur weil er nicht der gleichen Meinung ist, die gleiche Mode trägt, ein ähnliches Auto fährt oder dieselben Vorlieben hat wie wir. Schnell lehnen wir auch Eigenschaften bei anderen ab, die unsere eigenen Schattenseiten widerspiegeln, ohne dass wir uns dessen bewusst sind. Solange wir aber unser Augenmerk auf die Unterschiede zwischen anderen Menschen und uns richten, kommen wir auf dem spirituellen Weg nicht voran. Viel zu getrübt ist unser Blick durch die Ablehnung. Erst wenn wir erkennen, was uns verbindet und – noch weiter gedacht – erfahren, dass wir in unserer Essenz alle eins sind und es so gesehen keine Trennung und dadurch auch keine Unterschiede zwischen einem anderen und uns gibt, dann erkennen wir, dass alles Yoga ist.

Die Gedanken des heiligen Yogis

In Benares, der heiligen Stadt Nordindiens, lebte einst in einem kleinen Zimmer ein heiliger Yogi. Er genoss im ganzen Land einen ausgezeichneten Ruf als spiritueller Lehrer. Zu seinen zahlreichen Schülern zählten sowohl Könige und Herrscher aus unterschiedlichsten Ländern als auch angesehene Künstler, bekannte Wissenschaftler und andere bedeutende Leute. Die Menschen schätzten den Yogi deshalb so sehr, weil er sich wie kein anderer mit äußerster Genauigkeit an alle Regeln der Reinheit hielt. Zum einen tat er dies, um als Vorbild zu dienen, zum anderen hoffte er, durch so ein sattvisches, sprich reines Verhalten endgültige Erleuchtung zu erlangen. Er aß weder Fleisch noch Fisch. Auch Knoblauch und Zwiebeln mied er, verzichtete auf Zucker und nahm auch keine frittierten Speisen zu sich. Er rauchte nicht, und auch dem Alkohol gegenüber war er standhaft. Wenn er nicht damit beschäftigt war, Belehrungen vor seinen Schülern zu halten, betete er. Mindestens drei Mal am Tag, immer zur gleichen Zeit, saß er in seinem Zimmer und betete. Es sah aus, als würde er aus tiefstem Herzen beten und immer das gleiche Mantra rezitieren. Seine Augen blieben verschlossen und er öffnete sie immer nur dann, wenn einer seiner Schüler zu ihm kam und wissen wollte, wie man in Fleisch und Geist ein reines Leben führe.

Die Bleibe des Yogis befand sich im zweiten Stock eines alten, einfachen Hauses. In der gleichen Straße, auf dem gleichen Stockwerk des gegenüberliegenden Hauses lebte eine junge Prostituierte. Ihr Ruf als eine ganz besondere Prostituierte hatte dazu geführt, dass sie eine sehr erlesene Klientel hatte. Deshalb war sie tagein, tagaus sehr beschäftigt: Sie empfing von morgens bis abends ihre ehrenwerten Kunden. Das waren bekannte Wissenschaftler, erfolgreiche Künstler oder renommierte Geschäftsleute aus der Stadt. Sie tanzte und sang und tat all jene Dinge, die eine Prostituierte für gewöhnlich tut. Der Yogi sah sie jeden Tag – und obwohl er enthaltsam lebte und körperlich rein war, war sein Geist besessen von ihr. Er beobachtete sie häufig, während die anderen ihn in Meditation wähnten. Und dabei dachte er eifersüchtig: »Das ist schon der Zweite, den sie heute zu sich lässt. Und da kommt auch schon der Dritte. Und selbst den Vierten nimmt sie voll Zärtlichkeit in den Arm!« Manchmal konnte er sich vor lauter Eifersucht und Verlangen nach ihr gar nicht auf die Meditation konzentrieren. Gleichzeitig aber war er sich seiner eigenen Gefühle ihr gegenüber gar nicht bewusst, sondern verurteilte sie stattdessen unentwegt und dachte immer wieder, wie schlecht und sündhaft sie sei und wie wenig spirituell sich all jene Männer verhielten, die es immer wieder in ihre Arme trieb. Jeden Tag, wenn der Yogi einen Stich ins Herz empfand, weil die Prostituierte einen Kunden in ihre Arme schloss, dachte er bei sich: »Wieso muss ein so guter und reiner Mensch wie ich einer solchen Prostituierten gegenüber wohnen und Tag für Tag so etwas Unreines mitansehen?«

Unbegründete Ablehnung

Die junge Prostituierte hatte dem Yogi gegenüber ein ganz anderes Empfinden. Wann immer sie etwas Zeit für sich hatte, sah sie voller Ehrfurcht zu ihm hinüber. Jedes Mal, wenn sie sah, wie er meditierte, wurde sie von tiefster Reue erfüllt und dachte bei sich: »Wie rein und heilig dieser wunderschöne Yogi doch ist. Er wird bestimmt niemals im Leben auch nur einen einzigen schlechten Gedanken hegen. Auch von schlechten Taten ist er frei, denn all die Jahre, die ich ihn jetzt schon beobachte, hat er nie etwas Böses oder Schlechtes getan. Ich hingegen, in welch elendigem Zustand friste ich hier mein unreines Dasein? Wenn ich doch nur so reinen Herzens wäre wie der Yogi. Doch einen Ausweg gibt es für mich wohl nicht.

So gingen die Jahre ins Land. Beide lebten ihr Leben und waren doch immer in ihren Gedanken beim anderen. Und zufällig wollte das Leben es, dass beide am selben Tag starben. Der Yogi hauchte seinen letzten Atemzug umgeben von seinen zahlreichen Schülern aus. Aber bevor er starb, gab er allen noch einen wichtigen moralischen Grundsatz mit auf den Weg, der sie darin unterstützen sollte, ein ebenso reines Leben zu führen wie er. Schließlich wollten auch alle seine Schüler die Erleuchtung erlangen. Das Begräbnis des Yogis wurde feierlich begangen. All seine berühmten Schüler waren gekommen, um einen letzten Abschiedsgruß an ihn zu richten, während sein Körper mit Kostbarkeiten bedeckt und er anschließend auf dem Scheiterhaufen verbrannt wurde. Die Prostituierte hingegen starb alleine in ihrem kleinen Zimmer. Niemand war bei ihr. Man schaffte sie bei Nacht aus dem Haus, desinfizierte noch vor Morgengrauen ihr Zimmer und verbrannte sie ohne irgendeine Zeremonie in der Nähe der Slums am Rande der Stadt.

Die Seele des Yogis und der Prostituierten kamen wie alle anderen Seelen in die nächste Welt. Aber vorher wurden sie noch bei der Eingangspforte des Dharma auf Rechenschaft geprüft. Spirituelle Führer aus der geistigen Welt sahen ihre Akten durch, prüften ihre Aura und gaben jedem anschließend einen Zettel, auf dem stand, wohin sie nun gehen sollten. Auf dem Zettel der Prostituierten stand »Himmel«, und der Yogi bekam einen Zettel, auf dem »Hölle« stand. Der Yogi war außer sich, als er dies sah, und schrie vor Wut: »Was soll das? Wo ist hier die Gerechtigkeit? Eine Prostituierte, die es jeden Tag mit unzähligen Männern getrieben hat und eine Inkarnation der Sünde selbst ist, schickt ihr in den Himmel. Einen reinen Yogi wie mich, der den ganzen Tag nicht anderes getan hat, als Belehrungen zu halten, zu meditieren, und ein spirituell reines Leben geführt hat, den wollt ihr in die Hölle schicken? Welche Erklärung habt ihr dafür?«

Die spirituellen Führer aus der geistigen Welt aber blieben ruhig. Einer von ihnen antwortete: »Komm mit. Ich möchte dir etwas zeigen.« Daraufhin führte er den Yogi zu einem Tisch mit Palmenblattordnern. Einen davon öffnete er. Darin waren sämtliche Gedanken aufgeführt, die der Yogi im Verlauf seines Lebens gedacht hatte. Darunter fanden sich auch all die wertenden und bösen Gedanken der letzten Jahrzehnte wieder, in denen er tagein, tagaus das Verhalten der Prostituierten bewertet und sie für ein minderes Wesen gehalten hatte. In diesem Moment war der Yogi zutiefst beschämt. Erst jetzt erkannte er, dass er zwar ein körperlich reines Leben geführt hatte, seine Gedanken aber dunkel, zerstörerisch und unrein gewesen waren. Anschließend hielt der spirituelle Führer dem Yogi den Palmenblattordner der Prostituierten hin. Darin konnte der Yogi lesen, wie reuevoll die Frau jeden Tag seiner gedacht hatte. Nachdem er diese Gedanken gelesen hatte, begann er, bitterlich zu weinen und sich fürchterlich zu schämen. Nun bemerkte er, dass es im Grunde die Prostituierte gewesen war, die ein reines und spirituelles Leben geführt hatte – und nicht er. Und nun verstand er, warum er in die Hölle gehen musste und sie in den Himmel gehen durfte. Voller Reue nahm er sein Los an und gelobte sich, in seinem nächsten Leben besser auf seine Gedanken zu achten.

Wenn Gelüste unterdrückt werden ॐ

Peter und Michael führten gemeinsam viele Jahre lang erfolgreich ein Yogazentrum in Luzern. Sie kannten sich schon seit der Grundschule, und sie verband eine tiefe Religiosität und ein noch tieferer Wunsch nach Erleuchtung. Sie teilten sich stets gegenseitig ihre spirituellen Erfahrungen mit und hatten keine Geheimnisse voreinander. Eines Tages gaben sie sich einen Schwur – und erneuerten ihn jedes Jahr: Wer von beiden zuerst starb, sollte den anderen darüber informieren, wie es sich im Himmel lebt. Denn obwohl sie Yoga praktizierten, wirkte ihre christliche Erziehung und damit einhergehend der Glaube an einen Himmel in beiden fort.

Im Mai letzten Jahres kam Peter mit nur 60 Jahren bei einer Wanderung in den Bergen ums Leben. Auf seiner Beerdigung hielt Michael eine Rede für Peter und führte den Anwesenden noch einmal vor, welch vorbildlichen Menschen im spirituellen Sinne sie mit seinem Tod verloren hatten. Denn Peter hatte ein sehr puristisches Leben geführt, täglich meditiert, regelmäßig körperliche und seelische Reinigungsrituale durchgeführt und war immer bemüht gewesen, im strengsten asketischsten Sinne des Yoga zu leben. Auch hatte er nie irgendetwas Böses getan.

Was Michael bei der Grabesrede aber nicht erzählte, war, dass Peter immer in großer Angst vor Frauen, ausschweifendem Sex und unbändiger sexueller Lust gelebt hatte.

Unbegründete Ablehnung

Und ebenso wenig erzählte er, dass Peter all jene Menschen abgelehnt hatte, die Freude an Sexualität und der Liebe hatten.

Bereits wenige Tage danach wartete Michael darauf, von Peter irgendeine Nachricht zu erhalten. Er wollte schließlich wissen, wie es seinem Freund ginge und was ihn selbst vielleicht eines Tages nach seinem eigenen Tod erwarten würde. Doch es vergingen Wochen und Monate des ungeduldigen Wartens und gespannten Hoffens auf irgendeine Botschaft von Peter.

Endlich, ein Jahr nach seinem Tod, sprach Peter zu seinem treuen Freund, der gerade meditierte: »Michael, Michael«, war schwach die vertraute Stimme wie aus der Ferne zu vernehmen. Michael war außer sich vor Freude: »Bist du es, Peter?« – »Ja, ich bin es, dein Freund Peter.« Michael konnte es kaum abwarten, Neuigkeiten über den Himmel zu erfahren: »Wie ist es da, wo du bist?« Es dauerte einen Augenblick, bis Michael die Antwort leise vernahm: »Wir frühstücken ausgiebig, und dann haben wir Sex. Dann essen wir zu Mittag und haben wieder Sex. Und auch am Abend essen wir und haben Sex.« Michael hatte mit allem gerechnet, aber nicht mit einer solchen Antwort. »Ist es tatsächlich so im Himmel?«, fragte er voller Erstaunen und glaubte nun, nicht zu meditieren, sondern zu träumen. »Wer redet denn vom Himmel?«, erwiderte Peter. »Ich bin in Texas – und bin ein Stier!«

Die drei Siebe ॐ

Aufgeregt eilte Sammy zu seinem Guru: »Höre, Guruji! Ich muss dir unbedingt etwas erzählen. Dein Schüler Chris ...« »Warte bitte einen Moment«, unterbrach ihn der Guru, wohl wissend, dass Sammy seinen Mitschüler Chris ablehnte. »Hast du das, was du mir erzählen möchtest, durch die drei Siebe laufen lassen?«
»Die drei Siebe?«, fragte Sammy voller Verwunderung.
»Ja, genau. Die drei Siebe. Lass uns gemeinsam überprüfen, wie das, was du mir erzählen möchtest, durch die drei Siebe hindurchgeht. Das erste Sieb ist die Wahrheit. Hast du alles, was du mir erzählen willst, dahingehend überprüft, ob es auch wirklich wahr ist?«
»Nein«, antwortete der Schüler. »Ich habe es auch nicht direkt von Chris gehört, sondern nur von Walter, der Chris vom Sehen her kennt. Und ...« »So, so«, sagte der Guru, wohl wissend, dass Walter Chris nicht sonderlich mochte. »Aber sicher hast du die Geschichte mit dem zweiten Sieb geprüft, dem Sieb der Güte. Ist das, was du mir erzählen möchtest, wenn schon nicht als wahr erwiesen, wenigstens gut und heilvoll?«
Zögernd antwortete der Schüler: »Nein, es ist genau das Gegenteil.« – »Dann lass uns schauen, wie deine Geschichte durch das dritte Sieb geht, das Sieb der Heilung. Ist es heilsam für Chris, mir das zu erzählen, was dich so erregt?«
»Naja«, sagte der Schüler in mittlerweile reumütigem Ton. Heilsam ist es nun auch nicht.« Da sprach der Guru: »Wenn deine Geschichte weder wahr, weder gütig, noch

heilsam ist, dann verschone mich bitte mit ihr – und vergiss sie.«

Ravi und der Löwenzahn ॐ

Einst lebte ein junger Inder namens Ravi in einem kleinen Ort im Hinterland von Kerala. Er war der Sohn eines bekannten Gärtners und er liebte – so wie sein Vater – ganz besonders die exotischen Pflanzen. Eines Tages entschloss er sich, einen ganz besonderen Blumengarten anzulegen. Er spielte sogar mit dem Gedanken, sich mit diesem Garten an einem landesweiten Wettbewerb für den schönsten Garten Keralas zu bewerben, der alle fünf Jahre stattfand. Mit viel Hingabe bereitete Ravi den Boden des Gartens und pflanzte die Samen unterschiedlichster exotischer Blumen ein, von denen viele nur unter der Hand eines erfahrenen Pflanzenliebhabers wachsen. Und Ravi war ein so begnadeter Gärtner, dass bei ihm auch diese Pflanzen gediehen.

Als die verschiedensten Blumen in ihrer Farben- und Formenpracht erstrahlten, wucherte gleichzeitig überall auf den Beeten und am Wegesrand der Löwenzahn. Ravi ärgerte sich, weil er damit nicht gerechnet hatte. Außerdem ärgerte er sich auch, weil er den Wettbewerb niemals gewinnen würde, solange in seinem Garten so viel Unkraut wucherte. Aber so sehr er sich in der Folge auch bemühte, er wurde den Löwenzahn nicht los. Kaum hatte er ihn an einer Ecke des Gartens herausgerupft, wuchs er wie verhext an einer anderen Ecke des Gartens nach.

Ravi bat seinen Vater um Rat. Der versuchte, den Löwenzahn mit giftigen Mitteln zu bekämpfen. Aber auch dagegen erwies sich das Unkraut als resistent. So machte Ravi sich auf und suchte Rat bei allen anderen Gärtnern der

Unbegründete Ablehnung

Region. Sie alle gaben ihm Mittel und Empfehlungen, wie er den Löwenzahn loswerden könnte, aber der Erfolg, den Ravi erzielte, war eher gering. Denn bereits nach wenigen Tagen sah Ravi hier und dort in seinem Garten wieder kleine Knospen des Löwenzahns – und es dauerte nicht lange, da strotzten und strahlten die gelben Blüten wieder überall im Garten, zwischen, vor und hinter all den exotischen Pflanzen.

Da der Wettbewerb nahte und Ravi nur noch wenige Monate blieben, um seinen Garten entsprechend herzurichten, flog Ravi schließlich nach Neu-Delhi. Dort wollte er bei einem alten, über das Land hinaus bekannten Gärtner vorsprechen, der einst vor vielen Jahren aus Persien nach Indien gezogen war. Der alte Mann hatte schon viele Gärtner beraten, die alle voll des Lobes über seine Ratschläge waren. Nachdem Ravi dem Gärtner sein Anliegen geschildert hatte, saßen sie einige Minuten schweigend beisammen. In der Hoffnung, eine Lösung zur Vernichtung des Löwenzahns zu erhalten, schaute Ravi den Alten erwartungsvoll an. Dieser schwieg noch ein paar weitere Minuten und sagte dann voll Überzeugung: »Nun, Ravi, der einzige Rat, den ich dir an dieser Stelle geben kann, ist folgender: Lerne, deinen Löwenzahn zu lieben.«

Alles ist relativ ॐ

Stefan, der Besitzer eines kleinen Yogastudios, suchte voller Verzweiflung seinen spirituellen Lehrer auf: »Ich brauche dringend Hilfe«, sprach Stefan, »sonst werde ich verrückt! Unser Vermieter hat mir wegen Eigenbedarfs die Wohnung gekündigt. Und da wir noch nichts Passendes gefunden haben, leben meine Frau, unser kleines Baby und ich derzeit im Hinterzimmer meines Yogastudios. Ich kann diese Enge nicht mehr ertragen. Ich komme nicht dazu, zu meditieren oder meiner spirituellen Praxis nachzugehen. Stattdessen brüllen wir uns andauernd an. Es ist die Hölle.«

Der spirituelle Lehrer lächelte und fragte dann seinen Schüler: »Versprichst du mir, alles zu tun, was ich dir sage?« »Ich schwöre, ich werde alles tun«, antwortete der Schüler verzweifelt. – »Gut. Kennst du jemanden, der Haustiere hat?« – »Ja, mein Bruder hat drei Hunde.« – »Nimm die drei für eine Woche zu euch. Dann komme wieder.«

Der Mann war entsetzt, aber da er versprochen hatte, seinem Guru zu gehorchen, nahm er die Tiere zu sich. Eine Woche später kam er wieder, ein Bild des Jammers, und stöhnte: »Ich bin ein Wrack. Der Schmutz, der Gestank, der Lärm! Wir sind alle am Rande des Wahnsinns.« »Geh nach Hause«, sagte der Meister, »und bringe die Hunde wieder zu deinem Bruder.«

Der Mann rannte nach Hause und tat, wie ihm aufgetragen war. Am nächsten Tag besuchte er freudestrahlend seinen Lehrer und berichtete ihm: »Wie schön ist das Leben! Die

Unbegründete Ablehnung

Hunde sind draußen. Das Hinterzimmer meines Studios ist ein Paradies – so ruhig, sauber und geräumig.«

Das Festmahl

Ein reicher Kaufmann hatte ein gutes Geschäft gemacht. Daraufhin lud er das ganze Dorf zu einem Festmahl ein. Diese Neuigkeit kam auch zu einem Yogi, der sehr arm war und schon längere Zeit nichts mehr gegessen hatte. Die Einladung schien ihm eine willkommene Gelegenheit, sich endlich wieder einmal so richtig satt zu essen. Doch als er zum Haus des Kaufmanns kam, wurde er auf schändliche Weise davongejagt: »Wie kannst du es wagen, unser Haus zu betreten. Du bist ja nicht einmal angemessen gekleidet!« Offensichtlich arme Menschen wurden von dem reichen Kaufmann abgelehnt.

Daraufhin ging der Yogi zu einem wohlhabenden Freud und bat diesen, ihm ein schönes Gewand zu leihen. Der Freund lieh ihm die für das Festmahl angemessene Kleidung und besprengte sie zudem mit wohlduftenden Essenzen. In dieses edle Gewand gehüllt, ging der Yogi noch einmal zum Haus des Kaufmanns. Dieses Mal wurde er mit allen Ehren empfangen, und man bat ihn, an der Tafel Platz zu nehmen.

Nachdem die verschiedensten Delikatessen aufgetragen worden waren, führte der Yogi das Essen mit einer Hand zum Mund, mit der anderen füllte er seine Taschen. Dabei sagte er laut: »Lasst es euch gut schmecken, meine Kleider: Schließlich seid ihr zu diesem Fest geladen worden und nicht ich.«

Wenn es mal nicht weitergeht

Es gab einmal eine Zeit, in der ich das Gefühl hatte, große spirituelle Fortschritte zu machen. In der Meditation wähnte ich mich in Zuständen tiefer Stille und der Eintracht mit mir und dem Universum. Während mehrtägiger Meditationsretreats hatte ich Lichterscheinungen, konnte Gedanken lesen und fühlte mich, als wenn ich einen direkten Draht zum Universum hätte. Stolz erzählte ich in den Abschlussrunden von meinen Erfahrungen. Im Alltag zeigte sich mein spiritueller Fortschritt dadurch, dass ich weniger identifiziert mit verschiedenen gesellschaftlichen Rollen oder persönlichen Gefühlen war – ich war einfach präsent. Ja, ich war wach, offen und aufmerksam für das, was gerade war.

Aber dann kam eine Zeit, in der meine spirituelle Entwicklung stagnierte. In der Meditation war ich nicht in der Lage, auch nur eine Sekunde eine Pause zwischen meinen Gedanken zu entdecken, geschweige denn, in dieser Pause zu entspannen. Egal, wie lange ich meditierte – nichts passierte. Keine Stille, keine Lichterscheinungen, nur Selbstanklagen. Auch jenseits des Meditationskissens lief nichts so, wie ich es wollte. In meiner Beziehung gab es viel Streit, meine Arbeit fiel mir schwer und ich wäre am liebsten aus allem ausgestiegen. Auch in meiner Yogapraxis hatte ich das Gefühl, dass meine Muskeln sich verkürzt hatten und ich die Stellungen längst nicht mehr so halten konnte, wie ich es gewohnt war. Auf den Punkt gebracht: Ich war verzweifelt.

Ich blickte auf eine langjährige Meditationspraxis zurück, hatte viel Geld und Zeit in spirituelle Retreats gesteckt und plötzlich das Gefühl, nicht einmal mehr zu wissen, was Spiritualität überhaupt bedeutete. Ja, ich hatte plötzlich das Gefühl, dass alle Investitionen in meinen spirituellen Fortschritt nicht nur umsonst, sondern vielmehr eine reine Fehlinvestition gewesen waren. Je länger der Zustand anhielt, desto wütender und ungeduldiger wurde ich mir selbst gegenüber.

Dieser Zustand hielt mehrere Monate an, sodass ich mich schließlich zu einem weiteren Meditationskurs anmeldete. Ich hegte die Hoffnung, während eines solchen Retreats wieder zu meiner gewohnten inneren Ruhe zurückzufinden. Doch so sehr ich mich bemühte, zwang, motivierte und anspornte – und mich selbst zu überlisten versuchte –, auch nach einer Woche des Meditierens, Praktizierens und Schweigens tat sich nichts. Die Gedanken in meinem Kopf waren immer noch genauso laut und zäh wie zuvor. Lücken zwischen den Gedanken konnte ich immer noch nicht ausmachen. Lichterscheinungen gab es keine mehr. Es war dunkel in mir – und ich wurde depressiv.

In der Abschlussrunde erzählten einige Teilnehmer von ihren Lichterfahrungen, spirituellen Einsichten, tiefen Erkenntnissen und der inneren Ruhe, zu der sie in diesen Tagen gefunden hatten. Andere Teilnehmer schwiegen. Nur ich erzählte mit Tränen in den Augen von meiner Verzweiflung und davon, dass ich mich seit Monaten wie von Nebel umgeben fühlte. Der spirituelle Lehrer, der dieses Retreat leitete, meinte, dass ein solcher Zustand ein sehr gutes Zeichen für einen Schritt in eine nächste Entwicklungsstufe sein könnte. Er meinte aber auch, dass ich dafür diesen Zustand zuerst einmal bedingungslos annehmen müsse. Ich müsse gegebenenfalls sogar bereit sein zu akzeptieren, dass ich mich für den Rest meines Lebens in diesem Nebel befinden könnte.

Nach einem inneren Kampf nahm ich an, was angenommen werden wollte – ein Leben in gedanklichem Dickicht und Nebel. Ich erklärte mich aber nicht nur über den Verstand dazu bereit, sondern willigte mit jeder Zelle meines Körpers ein. Und siehe da: In dem Moment, als ich keinen Widerstand mehr gegen meine Gedanken im Kopf, die innere Stagnation und das Gefühl des Verzweifelns leistete, war es, als hätte sich eine Tür in mir aufgetan, denn es wurde wieder heller in mir, Tag für Tag ein kleines Stückchen.

Was mich jedoch an dieser Erfahrung am meisten erstaunte, war etwas anderes: Einige Seminarteilnehmer kamen nach der Abschlussrunde zu mir und sprachen mich an. Sie gehörten zu den Teilnehmern, die sich in Abschlussrunden nicht zu Wort melden, weil sie sich schämen, dass sie keine Lichterfahrungen machen und auch keine Lücken zwischen den Gedanken wahrnehmen. Sie teilten mir ihre Bewunderung mit und waren ganz berührt von meinem Mut, über meine Verzweiflung zu sprechen. Und sie waren dankbar dafür, zu erleben, dass es außer ihnen auch andere Menschen gibt, bei denen es einmal nicht weitergeht.

In diesen Gesprächen merkte ich zum ersten Mal, dass viele den spirituellen Weg mit ihrer beruflichen Karriere verwechseln. Ja, durch diese Gespräche begriff ich erstmals, dass wir unbewusst in einer spirituellen Leistungsgesellschaft leben, in der es den meisten um das »Weiser, erleuchteter, besser!« geht. Mir persönlich haben nur wenige Zeiten in meinem Leben bei meiner spirituellen Entwicklung so sehr geholfen wie diese Phase, in der es einmal nicht weiterging.

Christine und der Ziegenbock

Klaus hatte eine dreijährige Tochter namens Christine. Sie hatte sich mit dem Ziegenbock Ravi angefreundet, der den Nachbarn gehörte. Jeden Morgen brachte Christine ihm frisches Gras und Salatblätter zum Frühstück. Ihre Freundschaft wurde so eng, dass Christine oft stundenlang bei Ravi blieb.
Eines Tages verfiel Christine auf die Idee, dass Ravi auch ein anderes Mahl schmecken würde. Also brachte sie ihm ungefragt Basilikum anstelle von Salat mit. Ravi knabberte daran, mochte das Basilikum aber nicht und meckerte deshalb lauthals. Christine ergriff Ravi an einem seiner Hörner und versuchte, ihn dazu zu bringen, das Basilikum zu fressen. Ravi hingegen meckerte noch heftiger. Als sein Meckern Christine nicht hinderte, stieß er das Mädchen weg – zuerst sanft, dann fester, sodass Christine schließlich stolperte und auf ihren Hintern fiel. Christine war so beleidigt, dass sie schreiend davonlief und nicht mehr zu Ravi ging. Bald wurde Christine von ihrem Vater gefragt, warum sie nicht mehr zu Ravi hingehe. Christine erwiderte grollend: »Er hat mich böse zurückgewiesen.« Da gab ihr Vater ihr den Rat: »Sprich dich mit ihm aus.«

Leistung und Disziplin

Thomas arbeitete hart an seiner persönlichen und spirituellen Entwicklung – und an seiner Erleuchtung. Gleiches forderte er auch von seiner Freundin ein. Um sich spirituell weiterzuentwickeln, besuchte er auch immer wieder bekannte Gurus und Yogameister.

Einmal ging er zu einem Yogameister, der für seinen Humor und seine Lebensfreude bekannt war. Dieser bezog sich in seinem Vortrag auf eine hinduistische Auffassung, die besagt, dass die ganze Schöpfung »leela« sei, ein Spiel Gottes, und das Universum dementsprechend der Spielplatz Gottes. Das Ziel der Spiritualität, so lehrte der Meister, bestehe darin, alles im Leben zu einem Spiel zu machen.

Dies erschien Thomas zu frivol und zu leichtfertig dahingesagt. »Das Leben ist doch dafür da, sich seine Lektionen durch Leistung und Dasziplin hart zu erarbeiten, oder? Ist denn im hinduistischen Weltbild kein Raum zum Arbeiten da?«, fragte er sichtlich entsetzt. Der Yogameister erwiderte: »Selbstverständlich ist dafür ein Raum da. Aber Arbeit wird nur dann spirituell, wenn du sie in ein Spiel verwandelst. Denke also daran: Spiritualität darf auch Spaß machen.«

Vorzeitige Rückkehr   ॐ

Ein Freund von mir wollte sich für ein Jahr in einen Ashram in Indien zurückziehen. Sein sehnlichster Wunsch war es, die Erleuchtung zu erlangen. Aber bereits nach drei Wochen kehrte er enttäuscht nach Deutschland zurück.
»Was ist passiert?«, fragte ich ihn, als ich ihn wieder traf. – »Als ich im Ashram ankam, wollte der Guru mich nicht, so wie er es mir bei seinem Deutschlandbesuch versprochen hatte, sofort in die geheimen spirituellen Praktiken einweisen.«
Ich war erstaunt, weil ich damals zufälligerweise bei diesem Gespräch dabei gewesen war. »Sondern?«, fragte ich.
»Er wollte mich zwingen«, erklärte mir mein Freund noch immer ziemlich verärgert, »zuerst gewisse Pflichten zu erfüllen. Ich sollte für ihn kochen, Wasser holen und den Haushalt besorgen. Da sagte ich dem Guru, dass ich nicht auf der Suche nach einem neuen Job sei, sondern in geheime spirituelle Praktiken eingewiesen werden wolle – um so schnell wie möglich Erleuchtung zu erlangen.«

ॐ

Geschichten über die Angst

abhiniveśa = Angst

Dem Yogasutra des Patanjali zufolge tun sich sogar die Weisen schwer, der Angst Herr zu werden. Ja, es heißt sogar, dass die Angst das Hindernis ist, welches am schwierigsten zu überwinden sei. Es ist vor allem die Angst vor Veränderung, Verlust und Vergänglichkeit, die dazu führt, dass wir uns an nur scheinbaren und äußerlichen Sicherheiten festhalten. Deshalb versichern wir uns gegen alles Mögliche und spüren zugleich, dass es doch nichts gibt, das uns vor Alter, Krankheit und Tod schützen kann.

Wir versuchen, unserer Angst vor Verlust mit materiellem Reichtum entgegenzuwirken, wissen aber, dass es letztendlich auch in diesem Fall keine hundertprozentige Sicherheit gibt. Wir versuchen, unser Leben durch Struktur und Kontrolle zu beherrschen und unsere Angst vor Veränderung zu minimieren. Wir planen die Zukunft bis in die Unendlichkeit, getrieben von der Angst vor Veränderung und Vergänglichkeit.

Auch wenn wir versuchen, uns sowohl auf der materiellen als auch auf der emotionalen Ebene mit allen Mitteln abzusichern, so können wir nie wissen, was uns in der nächsten Stunde erwartet. Oft sind es nicht die Ereignisse selbst, die uns lähmen, sondern es ist unsere Angst vor ihnen, die uns blind, schwach oder krank macht oder uns erstarren lässt.

Die größte Angst der Menschen stellt die Angst vor dem Tod dar, weil wir nicht wissen, was uns danach erwartet. Auch wenn jeder Mensch weiß, dass er irgendwann sterben muss, verdrängen und verleugnen die meisten Menschen diese Tatsache – selbst noch in der Stunde ihres Todes. Je weniger wir uns unserer Ängste bewusst sind und je größer sie sind, desto unruhiger ist unser Geist. Umgekehrt bedeutet es natürlich: Je mehr wir unser Leben bewusst leben, z. B. durch eine regelmäßige Yogapraxis, desto besser können wir unseren eigenen Ängsten entgegenwirken – und ein entspanntes Leben aus dem gegenwärtigen Moment heraus führen.

Die Pest

Einstmals befand sich die Pest auf dem Weg nach Jaisalmer. In der Wüste überholte sie eine große Kamelkarawane, die sich gerade auf dem Weg dorthin zum alljährlichen Kamelmarkt befand. Sriram, der Älteste unter den Kameltreibern, fragte die Pest: »Wohin eilt Ihr so schnell?« Die Pest antwortete: »Ich bin auf dem Weg nach Jaisalmer. Ich habe vor, dort tausend Leben zu nehmen.«

Daraufhin zogen Sriram und die anderen Kameltreiber es vor, nicht nach Jaisalmer zu gehen. Stattdessen blieben sie noch für zwei Wochen in einer kleinen Siedlung am Rande der Wüste. Auf dem Rückweg von Jaisalmer kam die Pest wieder an der Kamelkarawane vorbei. Sie verharrte bei Sriram, der gerade am Lagerfeuer saß. Sriram schaute die Pest mit ehrfurchtsvollem Blick an und sprach: »Fünftausend Leben hast du dahingerafft, nicht tausend.« »Nein, das stimmt so nicht«, antwortete die Pest. »Ich nahm tausend Leben. Es war die Angst, die die übrigen nahm.«

Der andere Yogi

Es lebte einstmals ein Yogi, der sich in die Berge des Himalayas zurückziehen wollte, um für drei Monate allein in einer Höhle zu meditieren. Aber nach nur drei Tagen wurde ihm angst und bange. Er fürchtete sich vor Geistern und feindlichen Angriffen und hatte Angst zu verhungern. Ja, seine Angst wurde so groß, dass er es nicht mehr in seiner Höhle aushielt. Daher wollte er sie verlassen und trug sich mit den Gedanken, in einen Ashram zu gehen, von dem er wusste, dass er ganz in der Nähe der Höhle lag.

Als er seine Sandalen anlegte, um seinen Entschluss in die Tat umzusetzen, sah er nicht weit entfernt einen anderen Yogi, der sich ebenfalls die Sandalen anzog und ihm verblüffend ähnlich sah. Erstaunt frage der Yogi den Fremden: »Wer bist du?« »Ich bin deine eigene Angst«, kam die Antwort, »Willst du etwa meinetwegen diesen Ort verlassen? Dann wisse, wohin auch immer du gehst, ich werde stets mit dir gehen.«

Angst

Das Kamel

Es lebte im alten Rajastan ein Dieb. Er wurde erwischt, als er ein Kamel des Königs stehlen wollte. Der König tat, was er mit allen Dieben tat: Er verurteilte ihn zum Tode. Der Dieb aber war ein furchtloser und über die Maßen cleverer Bursche und bat den König um einen letzten Gefallen. Er sagte. »Wenn der König ein wirklich guter König ist und ein großes Herz hat, dann bitte ich ihn, mir mein Leben zu schenken.« Noch bevor der König etwas sagen konnte, fügte er hinzu: »Und wenn der König mir das Leben lässt, dann werde ich dem Kamel, das ich stehlen wollte, innerhalb von einem Jahr das Tanzen beibringen.«

Der Dieb klang überzeugend, sodass der König einwilligte. »Nun gut, so sei es!«, sprach der König. »Aber wenn das Kamel in dieser Zeit nicht lernt zu tanzen, werde ich dich vor den Augen des ganzen Dorfes hinrichten lassen.« Der Dieb willigte lächelnd ein und verneigte sich vor dem König. Als er mit dem Kamel nach Hause kam und seiner Frau erzählte, was sich zugetragen hatte, war diese voller Sorge um ihren Mann. Sie fragte ihn: »Wie, um Himmels willen, willst du dein Versprechen einlösen?«

Der Mann lächelte und erwiderte: »Mache dir keine Sorgen. Ich habe keine Angst vor dem König. Und weißt du auch warum?« »Nein«, antwortete seine Frau erstaunt. – »Im Verlauf eines Jahres kann so viel geschehen: Der König könnte sterben. Auch das Kamel könnte sterben oder aber das Tanzen lernen. Was wissen wir schon darüber, was in einem Jahr sein wird oder nicht sein wird?« Mit diesen Worten ging er in den Garten und legte sich in den Schatten eines alten Baumes. Er schlief so himmlisch, als wäre nichts geschehen.

Wer Hilfe sucht

Ein Wahrheitssuchender war für mehrere Monate nach Indien gegangen, um dort das Göttliche zu erfahren. Eines Tages machte er einen Ausflug zu einem nahe liegenden Nationalpark. Auf einem seiner Wege durch den Park war er unachtsam, stolperte und stürzte in eine Schlucht. Glücklicherweise bekam er in letzter Sekunde noch eine Wurzel am Rand der Schlucht zu fassen. Er schaute hinunter und sah, dass unter ihm nichts war als dunkler Abgrund.

»Hilfe!«, rief der Wahrheitssuchende verzweifelt. »Ist hier jemand?« Wider Erwarten antwortete unmittelbar darauf eine Stimme: »Was willst du?« »Bitte hilf mir!«, flehte der Suchende. »Das mache ich gerne«, erwiderte die Stimme, »doch vorher muss ich wissen, ob du mir auch wirklich vertraust.«

»Ja, ja, ich vertraue dir! Aber bitte hilf mir schnell«, wimmerte der Wahrheitssuchende. »Wenn du mir vertraust«, sprach da die Stimme, »dann lasse dich jetzt ins Leere fallen!« Der Wahrheitssuchende schwieg einen Moment. Dabei zitterte er vor Angst am ganzen Körper. Dann blickte er noch einmal nach unten und rief, aber dieses Mal voller Verzweiflung, erneut: »Hilfe! Hilfe! Ist hier denn niemand anderes?«

Mara, der Gott des Bösen

Mara, der Gott des Bösen, reiste mit seinen engsten Vertrauten durch die Dörfer Keralas in Südindien. Als sie an einem Ashram vorbeikamen, beobachteten sie einen Mann bei seiner Gehmeditation. Plötzlich blieb dieser stehen, und sein Gesicht erstrahlte vor Staunen und gleichzeitig vor Glückseligkeit. Der Mann schien gerade etwas auf dem Boden vor sich entdeckt zu haben.
Während Mara die Szene gleichgültig betrachtete, wurden seine Vertrauten neugierig. Sie wollten wissen, was der Mann da eben entdeckt hatte. Mara entgegnete: »Er hat Gott entdeckt.« »Oh Mara, Gott des Bösen«, fragten sie da, »bereitet es dir keine Angst, wenn einer der Menschen Gott findet?« »Nein«, sprach Mara mit einer Miene, die Sicherheit ausstrahlte, »denn für gewöhnlich macht er aus dieser Entdeckung anschließend eine Ideologie.«

Die Angst überwinden

Eines Tages fragte ein Schüler seinen Meister: »Guruji, wie kann ich die Angst überwinden?« Der Guru antwortete: »Nimm sie nicht überall mit hin. Dann wirst du sehen, dass du auch gut ohne sie leben kannst.« Der Schüler wollte genauer wissen, was damit gemeint war: »Guruji, bitte gib mir ein Beispiel.« Daraufhin erzählte der Guru folgende Geschichte:

Es gab einmal einen König, der hatte zwei Freunde. Sie waren dabei erwischt worden, als sie sich mit Dienerinnen des Königs vergnügten. Das war streng untersagt. Obwohl der König seine beiden Freunde liebte, wagte er nicht, sie ohne Weiteres zu begnadigen. Dann wäre er für das Volk unglaubwürdig geworden. Aus diesem Grund fällte er folgendes Urteil: Ein Seil sollte über eine tiefe Schlucht gespannt werden. Die beiden Männer sollten die Chance erhalten, über das Seil zu gehen, um entweder in den Tod zu gehen oder die Freiheit zu erlangen.

Der erste der beiden Männer balancierte sicher über die Schlucht und gelangte zur anderen Seite. Der zweite Mann rief ihm über den Abgrund hinweg zu: »Sage mir bitte, mein Freund, wie hast du das gemacht?« – »Ich habe meine Angst abgelegt und ihr versichert, dass sie mir gerne folgen dürfe, nachdem ich sicher am anderen Ende angekommen bin. Darauf hat sie sich eingelassen. Und dann bin ich losgegangen.«

Ratlosigkeit und Angst ॐ

Eines Tages brachen die Bewohner eines Dorfes auf, um auf einem nahe gelegenen Berg zu feiern. Dort angekommen sangen und tanzten sie und vergaßen darüber die Zeit. Erst als es dunkel wurde, erinnerten sie sich daran, dass sie noch einen weiten Weg den Berg hinab vor sich hatten.

Bald wurde es stockfinster und darüber hinaus auch sehr kalt. Sie wussten, dass sie erfrieren würden, wenn sie nicht rechtzeitig nach Hause fänden. Da bekamen sie Angst. Und weil sie den genauen Abstieg ins Tal nicht mehr finden konnten, wuchs ihre Angst, sodass sie vor lauter Angst zitterten und schlotterten und immer ratloser wurden.

Als ihre Angst noch größer wurde, trat einer, der besonders schwache Augen hatte, hervor und nahm die anderen bei der Hand. Ganz langsam und achtsam ging er mit ihnen den Berg hinunter. Und nachdem sie wieder heil in ihrem Dorf angekommen waren, ernannten sie ihn zu ihrem Guru.

Geschichten über die Lehrer-Schüler-Beziehung

Lange Zeit war Yoga ohne eine intensive Lehrer-Schüler-Beziehung undenkbar. Die tiefe Spiritualität des Yoga wurde unmittelbar vom Lehrer an den Schüler weitergegeben, wobei der Lehrer immer darauf bedacht war, dem Schüler das Wissen nur dann zu vermitteln, wenn dieser auch reif genug dafür war. Wie zentral die Bedeutung der Lehrer-Schüler-Beziehung war, zeigen die *Upanishaden*, eine der zentralen Schriften im Yoga, und die *Bhagavadgita*.

»Upanishad« heißt übersetzt »zu Füßen des Lehrers sitzen«. Bei der *Bhagavadgita*, einer der zentralen Schriften des Yoga, spielt die Lehrer-Schüler-Beziehung eine wesentliche Rolle: Dies wird deutlich an Krishna und seinem Schüler Arjuna, den Hauptprotagonisten der Handlung. Krishna tritt als der ideale Lehrer in Erscheinung, der seine göttliche Natur anfangs geheim hält, um Arjuna Schritt für Schritt in die Lehre des Yoga einzuführen, ohne dabei überheblich oder bewusst weise zu wirken.

Während die Weisheit der *Upanishaden* früher mündlich weitergegeben wurde, erhalten wir heute in fast jeder Buchhandlung mindestens eine Übersetzung der *Upanishaden*. Das heißt aber nicht, dass wir durch die materielle Verfügbarkeit solcher Schriften deren Inhalte leichter verstehen. Auch heute braucht es noch spirituelle Lehrer, die die Weisheit der *Upanishaden* mit ihrer Seele durchdrungen haben, um deren Inhalte richtig zu interpretieren, und noch immer ist ein spiritueller Lehrer für die Entwicklung eines Schülers unverzichtbar.

Viel zu subtil sind die Wirkmechanismen unseres Geistes, sodass nur wenige Menschen in der Lage sind, allein den spirituellen Weg zur Erleuchtung zu gehen. Wie aber findet man in der heutigen Zeit, in der zahlreiche selbsternannte Gurus und Yogis unterwegs sind, einen wirklich weisen Menschen? Wodurch unterscheidet sich ein charismatischer, spiritueller Narzisst von einem Erwachten? Woran erkennt man, dass ein Lehrer sich das Wissen der heiligen Schriften nicht nur angelesen, sondern auch verinnerlicht hat?

Eine Antwort darauf ist schwierig. Es bleibt nur der allgemeine Rat an den Suchenden, seinen gesunden Menschenverstand nicht am Eingang eines Meditationszentrums oder in Gegenwart eines Menschen, der sich als Guru oder spiritueller Lehrer ausgibt, abzulegen und blindlings zu vertrauen.

Andererseits braucht man auch die Fähigkeit, sich einem spirituellen Lehrer vollkommen hinzugeben, damit unser Ego sterben und sich das eigene Bewusstsein transzendieren kann. Keine leichte Aufgabe in der heutigen Zeit. Aber wie heißt es so schön: »Der Lehrer begegnet dem Schüler, wenn es an der Zeit ist.«

Wer also auf der Suche nach einem spirituellen Lehrer ist, sollte deshalb wachsam und gleichmütig zugleich sein – und nicht zu viele Vorstellungen von seinem Lehrer haben. Denn immer wieder, dies ist zumindest meine eigene Erfahrung, verläuft eine Begegnung mit einem spirituellen Lehrer ganz anders, als gedacht. Aber wie auch immer sie vonstattengehen mag, langfristig hat ein Lehrer nur die Aufgabe, uns aufzuwecken und uns zu uns selbst und unserer wahren Wesensnatur zu führen. Wenn wir dies verstehen und achtsam und wach bleiben, können uns die Lektionen mit und durch einen Lehrer sehr weit auf dem spirituellen Weg voranbringen. Schlafen wir hingegen auch in seiner Gegenwart weiter, werden wir lediglich zu schlechten Kopien unseres Lehrers.

Der Schüler auf der Suche nach dem vollkommenen Meister

Im Verlaufe der letzten Jahre sind mir ganz unterschiedliche Yogaschüler begegnet. Viele von ihnen sind auf der Suche nach einem guten Yogalehrer. Einige von ihnen sind schon damit zufrieden, wenn sie einen Lehrer finden, der eine Yogastunde so anleitet, dass sie am Ende der Stunde körperlich und geistig entspannt sind. Oftmals bleiben sie über viele Jahre bei diesem Lehrer oder dieser Lehrerin.
Andere Yogaschüler wiederum sind auf der Suche nach einem Lehrer, der nicht nur über eine gute Asanapraxis verfügt, sondern in der Philosophie des Yoga und in den philosophischen Schriften wie den *Upanishaden* oder dem *Yogasutra* des Patanjali bewandert ist. Immer wieder laufen die Yogaschüler bei solch einem Lehrer Gefahr, viele Erwartungen in ihn hineinzuprojizieren, weil sie davon ausgehen, dass ein Mensch, der die heiligen Schriften lesen kann, weise oder selbst heilig ist.
Manche Yogaschüler finden einen Lehrer, ohne bewusst nach ihm zu suchen. Andere wiederum sind intensiv mit der Suche nach einer spirituellen Leitfigur beschäftigt.

In den letzten Jahren, in denen ich beruflich immer wieder Yogalehrer auf ihren Seminaren besuchte, um über sie zu berichten, traf ich auch immer wieder auf Johannes. Johannes war wie kein Zweiter auf der Suche nach einem geeigneten Yogalehrer. Während eines Seminars wurde ich zufällig Zeuge des folgenden Gesprächs, als Johannes

Lehrer-Schüler-Beziehung

am Ende eines Vortrags zu dem Lehrer ging und ihn ansprach:

»Ich habe alle Bücher über die Yogaphilosophie gelesen«, eröffnete Johannes das Gespräch. »Egal, ob sie auf Deutsch oder auf Englisch waren.« Ohne auf eine Antwort des Lehrers zu warten, fuhr Johannes fort: »Und ich bin durch die ganze Welt gereist, um den größten Weisen auf Erden zu finden, aber bisher bin ich ihm nirgendwo begegnet. Ich habe zwar viele gute Yogalehrer getroffen, aber ich wollte nur der Schüler eines absolut vollkommenen Yogalehrers werden.«

Nun schaute er den Yogalehrer vielsagend an und sprach weiter: »Nach den vielen Jahren, die ich auf Reisen war, nach den Begegnungen mit all den Yogalehrern, dem Studium der heiligen Schriften und der langjährigen Meditationspraxis stehe ich heute vor dir und habe wegen der eben erlebten Yogastunde das Gefühl, dass du der richtige, nein, der perfekte Yogalehrer bist, nach dem ich immer gesucht habe.« Mit einem Strahlen in den Augen kam er zum Abschluss seiner Rede: »Ich bin glücklich, nun endlich am Ende meiner Reise angekommen zu sein, und bitte dich, mich als Schüler anzunehmen.«

Der Yogalehrer (der mir bereits wegen seiner Bescheidenheit aufgefallen war) antwortete unverzüglich: »Es ist mir unmöglich, dich zu meinem Schüler zu ernennen. Da du in mir den perfekten Yogalehrer entdeckt hast, sollst du nun erfahren, dass ein perfekter Yogalehrer nur perfekte Schüler unterrichtet. Und du bist noch weit davon entfernt, einer zu sein.«

Die härtesten Prüfungen ॐ

Im März 2004 fuhren meine Freundin Katja und ich nach Indien, um das Geburtsland des Yoga zu besuchen. Die wunderschönen und ausdrucksstarken Fotografien indischer Yogis hatten uns beide gleichermaßen immer wieder beeindruckt. Deshalb hofften wir, persönlich eine Begegnung mit einem solch charismatischen Yogi erleben zu können. Wir hatten bereits zahlreiche Idealvorstellungen von einem solchen Guru entwickelt, die durch viele Berichte von Indienreisenden und fantasievollen Legenden gespeist worden waren: großgewachsen, braungebrannt mit muskulösem Körper, charismatische Gesichtszüge sowie Augen, die uns beim ersten Blick durchdringen und in die tiefste Tiefe unserer Seelen schauen können.

Unsere Reise führte uns von Neu-Delhi, einer der dreckigsten Städte der Welt, nach Jaipur. Müde und erfüllt von unterschiedlichsten Eindrücken, fanden wir dort ein kleines gepflegtes Hotel. Direkt daneben gab es eine Yogaschule, auf die wir durch ein riesiges Plakat aufmerksam geworden waren. Natürlich wollten wir mit unserer Suche nach einem charismatischen Guru direkt hier vor Ort beginnen, obwohl uns hier nicht wirklich nach Yoga und Pranayama zu Mute war. Die Luft in Jaipur war nur unwesentlich besser als die in Neu-Delhi … Trotzdem wollten wir uns nicht davon abhalten lassen, unter der Aufsicht eines guten indischen Lehrers an einer Yogastunde teilzunehmen.

Lehrer-Schüler-Beziehung

Nach unserer ersten Nacht in Jaipur gingen wir morgens um sechs Uhr, noch müde und unausgeschlafen, zur Yogaschule. Sie war in einem alten Schulgebäude untergebracht und sah alles andere als einladend aus. Der Vorgarten war ungepflegt, und das Gebäude selbst war heruntergekommen. Hier und dort wiesen Spuren darauf hin, dass man versucht hatte, gewalttätig in das Haus einzudringen, weil Fensterscheiben fehlten und Holzbretter vor die Fenster genagelt worden waren.

Wir waren offensichtlich die ersten Schüler für den Yogaunterricht, der laut Plakat um sechs Uhr beginnen sollte. Während wir unsere Blicke nach einem möglichen Bewohner oder Hausmeister durch das marode Haus schweifen ließen, warteten wir gespannt auf unseren Yogalehrer. Kurze Zeit später tauchte eine kleine, mollige Frau in den Dreißigern auf, die in einen etwas schmuddeligen Sari gekleidet war. Sie begrüßte uns lediglich mit einem leichten, fast gleichgültigen Kopfnicken und ging dann zu einer alten Holzkiste, die auf der Veranda des Schulhauses stand. Etwas ungeschickt holte sie eine alte, fleckige und staubüberzogene Decke als Unterlage für die Übungen heraus. Mit einem erneuten Kopfnicken wies sie uns an, es ihr gleichzutun. Katja und ich schauten uns an, und mit viel Widerwillen und einem leichten Gefühl des Ekels zogen wir zwei weitere, ebenso dreckige und verstaubte Decken aus der Kiste und suchten uns einen Platz auf der Veranda.

Nun erschien eine weitere mollige Inderin. Auch sie würdigte uns keines Blickes und zog sich eine Decke aus der Kiste, die sie neben der anderen Inderin ausbreitete. Unvermittelt begannen die Damen mit Atemübungen, ohne uns weiter zu beachten. Sie machten nur wenige, kurze Atemübungen und begannen dann mit einigen Dehnübungen. Währenddessen unterhielten sie sich. Neben achtsamen Yogis, die sich mit voller Präsenz in ihre Übung hineingeben, wirkten diese beiden Inderinnen auf uns wie schnatternde Gänse. Und wir standen da – mehr Beobachter als Teilnehmer dieser Szenerie – und waren teils verblüfft, teils voller Argwohn. Weder verspürten wir angesichts der schlechten Luft den Drang, tief und bewusst ein- und auszuatmen, noch wollten wir uns auf die dreckige Decke stellen oder legen.

Nach nur wenigen Minuten schauten wir uns wortlos an und packten die Decken wieder in die Kiste. Wir verabschiedeten uns bei den beiden Frauen mit einem Kopfnicken, das emotionslos erwidert wurde, und gingen enttäuscht in unser Hotel zurück. Wir beide hatten uns einen Yogaunterricht in Indien doch ganz, ganz anders vorgestellt! Wir machten es uns im Bett gemütlich, ließen das gerade Erlebte noch einmal lachend Revue passieren und gaben dann unserer Enttäuschung über unsere erste Yogastunde in Indien viel Raum.

Während die ersten Sonnenstrahlen in unser Zimmer schienen, fiel mir folgende Geschichte ein, die ich Katja erzählte:

Lehrer-Schüler-Beziehung

»Es gab einmal einen großen indischen Yogi, der in Madurai einen Vortrag und in Folge einen einwöchigen Workshop über Pranayama halten sollte. Der Vortrag zu dem Workshop war für 14 Uhr nachmittags angesetzt. Der Yogi, der aus Indien stammte, aber mittlerweile seit zwanzig Jahren in Amerika lebte, war zum ersten Mal seit vielen Jahren wieder in Madurai zu Gast. Aber sein Ruf als charismatischer Yogi war in ganz Indien bekannt, und dass er in Amerika lebte, tat der Bewunderung für ihn keinen Abbruch. Deshalb war sein Vortrag in einer Halle, die fünftausend Menschen Platz bot, sehr schnell ausverkauft. Tausende Menschen mussten vor der Halle bleiben, von wo aus sie den Vortrag über eine Großleinwand verfolgen konnten.

Um 14 Uhr war die Spannung im Vortragssaal sehr hoch, denn alle Anwesenden freuten sich seit Wochen auf diesen Tag. Sie konnten kaum abwarten, den Guru persönlich bewundern. Aber der Guru kam nicht. Im Verlauf der nächsten Stunde entstand eine Stimmung, die eine Mischung aus Spannung, Neugierde und Ungeduld war. Hier und dort machte sich auch schon erste Unzufriedenheit breit.

Um Punkt 16 Uhr trat schließlich ein Assistent des Gurus in den Saal, um zu sagen, dass sich der Vortrag aufgrund höherer Gewalt noch um eine weitere Stunde verzögern würde. Ein Raunen ging durch den Saal. Einige der Anwesenden schimpften, andere erhoben sich empört, verließen den Saal, gingen zur Kasse, forderten ihr Geld zurück und gingen nach Hause.

Als der Yogi um 18 Uhr immer noch nicht erschienen war, wurde die Unzufriedenheit des Publikums immer deutlicher, das Kopfschütteln des Unverständnisses immer offensichtlicher. Nach und nach verließen immer mehr Menschen augenschein-

lich verärgert den Saal. Um 19 Uhr waren schließlich nur noch hundert Menschen anwesend, die die Zeit des Wartens zeitweise meditierend verbracht hatten und nun versuchten, offensichtliche Gelassenheit zu demonstrieren.
Kurz nach 19 Uhr trat der Yogi ein. Er wirkte vollkommen betrunken und begann, mit einer hübschen jungen Frau im Publikum zu flirten. Er erweckte nicht den Anschein, mit dem Vortrag beginnen zu wollen. Die übrigen Anwesenden reagierten empört. Wie konnte dieser Mann, nachdem sie viele Stunden auf ihn gewartet hatten, sich jetzt so aufführen? Empörtes Gemurmel wurde laut, doch der Meister kümmerte sich nicht darum. Er erklärte brüllend, wie sexy die junge Frau doch sei, und lud sie ein, ihn nach Frankreich zu begleiten. Danach beschimpfte er die Anwesenden, die sich empört hatten, und fiel dabei schwer zu Boden.
Daraufhin verließen alle bis auf neun Personen entsetzt, laut schimpfend oder kopfschüttelnd den Saal. Aber kaum hatte diese Gruppe der Empörten den Saal verlassen, da erhob sich der Yogi. Er war nüchtern, seine Augen verströmten Licht, und ihn umgab eine Aura großer Weisheit. »Ihr, die ihr noch hier seid, seid diejenigen, die mich hören sollen«, sprach er. »Ihr habt die zwei härtesten Prüfungen auf dem spirituellen Weg bestanden: Ihr habt die Geduld bewiesen, auf den richtigen Augenblick warten zu können, und den Mut gezeigt, euch nicht von dem, was ihr vorgefunden habt, enttäuschen zu lassen. Ich freue mich, euch in den nächsten Tagen in die Geheimnisse des Pranayama einführen zu dürfen.«

Als ich mit der Geschichte geendet hatte, schwiegen wir beide. Ich schaute aus dem Fenster. Mittlerweile war es draußen hell geworden, und ich konnte von meinem Platz aus das Schild der Yogaschule sehen. Ich wandte mich Katja zu und konnte sehen, dass ihr die gleichen Fragen durch den Kopf gingen wie mir: Hatten wir die wahre Größe dieser Frau vielleicht nicht erkannt? Hatten wir durch unsere Vorstellungen über einen Yogaunterricht in Indien die Möglichkeit verpasst, bei einer großen Lehrerin etwas Weiterführendes über Yoga zu lernen?

Eine Antwort darauf wussten wir nicht. Dennoch hatte diese mollige, kleine Yogalehrerin uns ein Stück weit die Augen geöffnet. Sie hatte uns gezeigt, dass wir beide die härtesten Prüfungen eines spirituellen Suchenden bereits am Anfang unserer Reise nicht bestanden hatten. Und sie hatte uns vor Augen geführt, wie hinderlich es sein kann, mit so konkreten Vorstellungen wie den unseren über einen Yogalehrer durch Indien zu reisen.

In den folgenden Wochen besuchten wir noch eine Vielzahl von Yogastunden. Die Lehrer, die den Unterricht leiteten waren so bunt, vielseitig und unterschiedlich wie Indien selbst. Viele von ihnen haben uns sehr bereichert. Aber keine Yogastunde ist uns so lange in Erinnerung geblieben wie die in Jaipur.

Wessen Schüler bist du?

Vor einigen Jahren lernte ich in einem Münchner Yogazentrum einen Mann kennen, der viele Jahre in der Nähe von Mysore in Indien in einem Yoga-Ashram gelebt hatte. Er war hellauf begeistert von »seinem Guru«, der den Ashram leitete. Im Verlauf des Gespräches wurde er nicht müde, mir die spirituellen Ansichten seines Meisters mitzuteilen. »Guruji sagt dieses. Guruji sagt jenes.« Die Ansichten des Gurus gefielen mir mitunter sehr gut. Als wir später gemeinsam die Yogaschule verließen, fiel mir auf, dass er beim Laufen sein linkes Bein immer etwas nachzog.

Einige Wochen später traf ich zufälligerweise eine weitere Schülerin dieses Gurus. Auch sie hatte mehrere Jahre in dessen Ashram gelebt. Aus mir unerklärlichen Gründen zog auch sie beim Gehen das linke Bein immer etwas nach.

Als ich schließlich eine interessante Reportage über diesen Ashram in einem Magazin las, war ich so begeistert, dass ich nach Mysore flog, um ihn persönlich kennenzulernen. Im Ashram begrüßte mich eine enge Vertraute des Gurus. Ich staunte nicht schlecht, als auch sie beim Gehen ihr linkes Bein leicht nachzog.

Am Abend hielt der Guru einen öffentlichen Vortrag für die Kursteilnehmer. Als er den Vortragsraum betrat, zeigte sich, dass er einen auffallenden Hüftschaden hatte: Er zog sein linkes Bein beim Gehen stark nach.

Jeder ist ein Lehrer

Ein junger Mann fragte einst einen bedeutenden Yogalehrer: »Guruji, du wurdest von Ramesh Balsekar als Schüler anerkannt, hast die Lehrerlaubnis von Sriram und bist jetzt ein enger Vertrauter von Jon Kabat-Zinn. Jetzt studierst du bei anderen führenden spirituellen Lehrern in Amerika. Wer ist eigentlich dein wahrer Lehrer?« Der Yogalehrer schaute den jungen Mann an und sagte: »Du bist es.«

Das Interview ॐ

Ein Interview mit einem spirituellen Lehrer ist für mich immer wieder eine besondere Begegnung. Meine Freude über diese Art von Gespräch ist sehr groß, denn ich genieße es, mit einem solchen Menschen unter vier Augen sprechen zu dürfen. Die Nähe, die in diesen Momenten entsteht, vermittelt mir noch einmal auf eine ganz andere Weise die Ausstrahlung einer spirituellen Lehrerin oder eines Gurus. Neben der Freude schwingt auch immer ein Gefühl von Aufregung mit, wenn ich zu einem Interview komme, denn es ist im Vorfeld nie sicher, ob mein Interviewpartner und ich einen Draht zueinander haben werden. Meistens aber verflüchtigt sich dieses Gefühl sehr schnell, denn die Liebe, Weite und Offenheit, die die meisten Lehrer ausstrahlen, vermitteln mir ein unbeschreibliches Gefühl der Wärme und des Mitgefühls für alle Wesen. Dieses Gefühl beruhigt mich und breitet sich umgehend in meinem ganzen Körper, besonders in meinem Herz- und Bauchraum aus.

Anders erging es mir bei einer bekannten amerikanischen Yogalehrerin. Meine Redaktion hatte mich gebeten, ein Interview mit ihr zu machen. In Deutschland war die Meinung über diese Yogalehrerin sehr geteilt. Es gab Yogaschüler und -lehrer, die fasziniert von ihrer strengen Art des Unterrichts waren. Andere wiederum hielten sie für machtbesessen und geldgierig.
Als ich den Anruf aus der Redaktion erhielt, war mein Bauchgefühl nicht gut. Alles in mir sträubte sich, diese Yo-

galehrerin zu treffen. Gleichzeitig aber war ich auch neugierig, weil man einem solch charismatischen Menschen wie ihr nicht alle Tage begegnet. Hinzu kam, dass kurze Zeit vorher ein Buch über sie erschienen war. John, der elf Jahre lang ihr Schüler gewesen war, beschreibt darin, wie die anfangs so charismatische Yogalehrerin im Verlauf der Jahre immer narzisstischer wurde und bestimmte spirituelle Praktiken von ihren Schülern verlangte, die deren Ego zerstören sollten. Sie mussten – John zufolge – sich ihren Kopf kahl rasieren, 1000 Niederwerfungen machen, jeden Tag stundenlang meditieren, Mantren rezitieren und sich gegenseitig demütigen, um dadurch das Ego für die Erleuchtung abzutöten. Eine andere Maßnahme soll gewesen sein, dass diese Yogalehrerin monatelang nicht mehr mit einem Schüler sprach.

Bis zu dem Tag meines Interviews mit ihr hatte weder sie selbst noch jemand aus ihrer Gemeinschaft öffentlich zu diesem Enthüllungsbuch Stellung bezogen. Somit war ich natürlich sehr gespannt darauf, wie sie auf Fragen in Richtung des Buches reagieren würde. Ich stellte meine erste Frage unmissverständlich in Bezug auf ihren ehemaligen Schüler John. Im gleichen Moment schlug die Stimmung um und sie antwortete: »Ich lasse mich mit Ihnen nicht auf eine öffentliche Debatte über etwas ein, das letztendlich keinen Wert hat.« Sie nahm mein Erstaunen zur Kenntnis und fügte hinzu: »Darüber hinaus möchte ich nicht auf das Spiel ›Er hat gesagt – sie hat gesagt‹ eingehen.«

So stellte ich ihr noch einige Fragen zu ihrer Yogapraxis, aber die Stimmung zwischen uns war derart unterkühlt, dass ich am liebsten aufgestanden und gegangen wäre. Anscheinend spürte die Yogalehrerin meine Gemütsstimmung, denn sie zog eine Grimasse und meinte: »Sie lachen wohl nie!«

Ich fand dieses Interview auch nicht zum Lachen, denn diese Kühle, die diese Frau auf mich ausstrahlte, nachdem ich sie auf John angesprochen hatte, wirkte auf mich äußerst unangenehm. Jetzt verstand ich, warum ich vor dem Interview so ein unangenehmes Bauchgefühl gehabt hatte. Zum Abschied reichte sie mir nicht einmal die Hand, sondern drehte sich sitzend von mir weg und nickte.

Einige Tage später ging bei der Redaktion, für die der Artikel bestimmt war, im Namen der Yogalehrerin ein Anruf ein. Sie wollte nicht, dass ihr Interview mit mir abgedruckt würde. Sie meinte, ich sei wohl zu sehr von John beeinflusst worden. Seit dieser Begegnung höre ich auf mein Bauchgefühl und verzichte auch schon einmal auf ein Interview – egal, wie bekannt, charismatisch oder eigen der Interviewpartner auch sein mag. Wie diese Geschichte zeigt, ist nicht nur die richtige Wahl des Interviewpartners wichtig, sondern auch die Auswahl des spirituellen Lehrers will beachtet sein.

Ein besonderer Lehrmeister

Gurdjieff war als ein spiritueller Lehrer bekannt, der seine Schüler auf ganz besondere Weise lehrte. Besonders in Erinnerung geblieben ist vielen Menschen folgende Geschichte über seine Lehrmethoden:

In der spirituellen Gemeinde, die Gurdjieff in Frankreich leitete, lebte ein eigensinniger, unsympathischer alter Mann. Niemand mochte ihn. Er duschte sich selten, stank, war darüber hinaus äußerst unordentlich, ständig schlecht gelaunt und meistens sehr gereizt. Auch weigerte er sich immer wieder, aufzuräumen oder in irgendeiner Form in der Gemeinde mitzuhelfen. Nach vielen Monaten des andauernden Streits mit dem Alten gelang es der Gemeinde schließlich, ihn so sehr zu verärgern, dass er sie verließ.
Als Gurdjieff davon erfuhr, folgte er dem Alten. Er wollte ihn überreden, zurückzukehren. Der Alte aber lehnte an. Schließlich bot Gurdjieff dem Mann ein hohes monatliches Honorar an, damit er mit ihm zurück in die spirituelle Gemeinde käme. Dieses Angebot war für den Alten so verlockend, dass er wieder in die Gemeinschaft zurückkehrte. Alle waren entsetzt, als sie den Alten wiedersahen. Als sie auch noch erfuhren, dass Gurdjieff ihm auch noch ein gutes Honorar dafür gewährte, während sie jeden Monat sehr hohe Mitgliedskosten zahlen mussten, um überhaupt in der Gemeinschaft leben zu dürfen, geriet die ganze Gemeinschaft in Aufruhr.

Gurdjieff rief alle zu einer Versammlung ein, bei der die meisten sich lauthals über das Verhalten ihres Meisters ärgerten. Nachdem alle ihren Unmut geäußert hatten, lachte Gurdjieff und meinte: »Der Alte ist wie Hefe für das Brot, ein Spiegel für den Betrachter oder euer Lehrmeister in Bezug auf eure Schattenseiten. Ihr solltet ihm dankbar dafür sein, dass er hier im Ashram ist! Ohne ihn würdet ihr nie so unmittelbar und so schnell etwas über euren Ärger, eure Reizbarkeit, eure Ungeduld und euer mangelndes Mitgefühl lernen. Denn niemand ruft so unmittelbar die unterschiedlichsten Gefühle in euch wach wie er.«

Die richtigen Worte

Guruji erklärte immer wieder, wie wichtig es sei, den Schüler mit den richtigen Worten abzuholen, damit dieser auch in der Lage sei, die Lehren richtig zu verstehen. Als Beispiel erwähnte er gerne Arjuna und Krishna in der *Bhagavadgita*. Krishna, der Wagenführer und spirituelle Lehrer von Arjuna, gibt sich nicht direkt als Inkarnation Vishnus zu erkennen, sondern führt Arjuna Schritt für Schritt in die Weisheit des Yoga ein. Einmal erzählte Guruji von einem Ereignis, welches auf sehr anschauliche Weise verdeutlicht, wie wichtig es ist, sich so auszudrücken, dass ein Schüler seinen Meister versteht:

Ein besonders geiziger Schüler von Guruji fiel eines Tages in den See. »Hilfe, Hilfe, ich ertrinke!«, schrie der Schüler und schnappte dabei nach Luft. Einige Menschen, die am Ufer standen, wollten den Schüler retten. Einer schrie ihm zu: »Gib mir deine Hand, dann rette ich dich!« Ein anderer rief ihm zu: »Gib mir deinen Arm, dann kann ich dich aus dem Wasser ziehen!«. Ein Dritter brüllte ihn an: »Gib mir deinen Finger, dann kann ich dich festhalten!«
Doch der Geizige reagierte auf keine den Aufforderungen. Er wollte einfach nichts hergeben, weder seinen Finger, noch seine Hand, noch seinen Arm. So versank er immer tiefer im Wasser. Schließlich sprach Guruji zu ihm: »Nimm meine Hand, ich bringe dich in Sicherheit!« Sofort ergriff der Schüler die Hand des Meisters und war gerettet.

Der Sonnengruß ॐ

»Wenn du dein Bewusstsein transformieren willst«, sagte einst ein Guru zu seinem Schüler, »dann beantworte dir folgende Frage: Wieso mache ich den Sonnengruß, wenn ich doch eigentlich gar keinen Sonnengruß mache?« »Nun, aus einem bestimmten Blickwinkel betrachtet könnte man sagen, dass du einen Sonnengruß machst, aus einem anderen jedoch könnte man sagen, dass du keinen Sonnengruß machst«, erwiderte der Schüler.

»Du verstehst gar nichts«, fuhr der Guru seinen Schüler an. »Ich sage dir doch, dass ich den Sonnengruß mache und doch keinen Sonnengruß mache. Von einem Blickwinkel war hier nicht die Rede, du Dummkopf.« »Ich weiß es nicht«, antwortete der Schüler den Tränen nahe. »Wenn du Fortschritte auf deinem spirituellen Weg machen willst«, fuhr ihn der Guru erneut an, »dann musst du es aber wissen.«

Nun aber wurde der Schüler wütend: »Ach, zum Teufel mit dir und deinem Fortschritt auf dem spirituellen Weg! Wenn ich meine kostbare Zeit mit so dummen Fragen verschwenden soll, dann verzichte ich lieber auf den Fortschritt.« Mit diesen Worten verließ er den Ashram und ging zurück nach Deutschland.

Zehn Jahre vergingen, und immer wieder ging dem Schüler die Frage durch den Kopf. So kam es, dass er eines Tages zu seinem Meister zurückkehrte und vorsprach: »Guruji, ich habe eingesehen, dass ich damals vorschnell das Handtuch warf. Deshalb werde ich jetzt so lange über

Lehrer-Schüler-Beziehung

deine Frage kontemplieren, bis ich eine Antwort gefunden habe.«

»Wie lautete die Frage denn?«, wollte der Guru wissen. – »Du hast mich gefragt: Wieso mache ich den Sonnengruß, wenn ich doch eigentlich gar keinen Sonnengruß mache?« Da lachte der Guru laut los und entgegnete: »So eine Frage soll ich dir gestellt haben? Na, da muss mich wirklich der Schalk geritten haben.«

Yoga der Eitelkeiten ॐ

Es gab eine Zeit, in der hing das Ansehen eines Yogalehrers von dessen spirituellem Wissen ab. Dieses Wissen wurde vor allem an der Tiefe seiner Erleuchtungserfahrungen gemessen. Ein Yogalehrer diente in seiner Fähigkeit als Vorbild, sich immer mehr von äußerlichen Abhängigkeiten zu befreien und mehr und mehr eins zu werden mit seiner ureigenen, ihm innewohnenden Essenz. Dies hatte nicht selten Bescheidenheit und Demut zur Folge. Doch diese Zeit ist lange vorüber, und das Land, in dem Yoga in erster Linie als eine Jahrtausende alte spirituelle Tradition betrachtet wurde, liegt weit weg.

In der Zwischenzeit hat Yoga den »Westen« erobert und ist zu dem geworden, was es nie werden sollte: Ein blühender Industriezweig, ein Markt der Eitelkeiten und eine lukrative Einnahmequelle für Betrüger, die sich Yoga zu eigen machen und es mit Zertifikaten versehen. Betrachtet man den westlichen Yogamarkt, muss den wirklich spirituell Interessierten Wehmut überkommen. Hat Yoga, so wie es hierzulande betrieben wird, überhaupt noch etwas mit Spiritualität zu tun? Mit Abstand betrachtet: nein, nicht viel.

Ob ein Yogalehrer spirituelle Erfahrungen gemacht hat, die sein Bewusstsein transformiert haben, spielt oft keine Rolle mehr. Ob er über viele Jahre praktiziert und sich in der Tiefe mit sich selbst, seinen Licht- und Schattenseiten auseinandergesetzt hat, ist ebenfalls unwichtig geworden. Viel wichtiger ist die Anzahl der Schüler, die sein Studio im Verlauf eines Monats verzeichnen kann, viel wichtiger die Anzahl der Konferenzen, zu denen er eingeladen wird, und die Verkaufszahlen seiner Bücher. Es geht um den Grad an Bekanntheit, die ein Yogalehrer erlangt.

Heute zählt nicht mehr das weise Strahlen in den Augen des Yogalehrers, sondern es sind der Marmor in der Yogahalle und die Größe des Yogastudios, die Eindruck machen. Bescheidenheit und Demut, yogische Tugenden von einst, sind offensichtlich nicht mehr sonderlich gefragt. Wichtig ist, ob und wie man sich am besten verkaufen kann. Verfügt man selbst nicht über das entsprechende Know-how, sucht man sich einen Coach, eine PR-Agentur oder überlegt sich andere Strategien, um auf dem Markt mithalten zu können.

Beeindruckende Flyer, imposante Websites und CD- und Buchrückseiten strotzen vor Superlativen und verkünden das beste Yoga der Stadt, den ersten Power-Yogalehrer oder die erfolgreichste Yogabuchautorin an. Persönliches, yogisches Charisma ist längst nicht mehr gefragt, zumindest dann nicht, wenn nicht ein gewisser Bekanntheitsgrad in den Medien damit einhergeht. Auf diesen wird besonders gerne auf der eigenen Homepage unter der Menüleiste »Presse« hingewiesen.

Ob die Zeitschriften, in denen über eine Schule berichtet wird, auch nur im Ansatz die tiefe Spiritualität des ursprünglichen Yoga verinnerlicht haben oder ob es sich dabei um eines der vielen Frauenmagazine handelt, die nichts anderes tun, als Frauen darauf aufmerksam zu machen, was ihnen an Äußerlichem alles fehlt, um glücklich zu sein, spielt keine Rolle. Denn viel zu schnell hat Yoga, so wie es hier praktiziert wird, seine Seele verlieren und dem Wunsch nach Macht, Ego und Gewinnprofit weichen müssen.

Was aber, wenn man all den berühmt gewordenen und in Magazinen vorgestellten prominenten und schönen Yogalehrern und ihren ebenso ehrgeizigen und hippen Yogaschülern diese äußerliche Anerkennung nehmen und sie auf eine einsame kleine Insel versetzen würde? An einen Ort, an dem sie ganz allein auf sich selbst zurückgeworfen werden, ohne das Gefühl, der oder die beste, bekannteste, schönste, erste, erfolgreichste oder prominenteste Yogalehrerin oder Yogalehrer im ganzen Land zu sein. Vielleicht wäre es ein Schock im ersten Moment und eine Läuterung im zweiten – und damit der Anfang einer Umkehr, um endlich wieder damit anzufangen, Yoga in seinem ursprünglichen Sinne zu praktizieren – seiner selbst wegen.

Geschichten über die Achtsamkeit

Achtsamkeit stellt die Basis des Yoga dar. Nur wenn wir achtsam sind, können wir Körper und Geist im Sinne des Yoga vereinen. Und nur wenn wir achtsam sind, erkennen wir, wann die Klesha durch uns hindurch wirken. Dann erkennen wir, wann unsere subjektive Wahrnehmung überhandnimmt, unsere Gier uns drängt, unsere Abneigung uns die Sicht auf das Leben versperrt oder unsere Angst uns lähmt. Achtsamkeit ist auf zweierlei Weise sehr hilfreich. In der sogenannten formalen Yogapraxis, der Meditation, unterstützt sie uns darin zu erkennen, wie sehr wir uns mit unseren Gedanken und unseren Gefühle identifizieren und daher von ihnen dominiert werden. Die informelle Praxis, der Alltag selbst, zeigt uns schnell, wie achtsam wir mit uns und unseren Mitmenschen umgehen. Hier unterstützt uns die Achtsamkeit darin, das umzusetzen, was wir während der Meditation erfahren und erkennen: uns selbst, anderen Menschen und dem Leben mit mehr Wertschätzung und Achtung zu begegnen und jeden Tag als den kostbarsten Augenblick zu betrachten.

Wie schwierig es ist, wirklich konstant achtsam zu sein, zeigt sich darin, dass selbst Menschen, die bereits viele Jahre Yoga praktizieren, sich mit der Achtsamkeit sowohl in der formalen als auch in der informellen Praxis schwertun. Es gehört nämlich viel mehr dazu, Achtsamkeit zu praktizieren, als nur darüber zu lesen oder zu sprechen.

Es gehört die Bereitschaft dazu, nicht nur das Meditationskissen oder die Yogamatte als ein Übungsfeld der Achtsamkeit anzusehen, sondern jeden Moment des Lebens: angefangen von den Momenten, in denen man sich in einem Retreat oder auf einer Fortbildung befindet, bis zu den Momenten, in denen wir unbeobachtet alleine zu Hause sind. Achtsamkeit, Bescheidenheit, Demut und Mitgefühl – sprich Spiritualität – wollen überall praktiziert werden.

Yoga ist Silber, Achtsamkeit ist Gold

Offensichtlich ist es ein weiter Weg von unseren Einsichten auf dem Meditationskissen hin zu deren Integration in unser eigenes Leben. Wie weit er ist, fiel mir auf, als ich eine Fortbildung zum Thema »Achtsamkeitsmeditation« besuchte. Wie groß aber der Wunsch ist, Achtsamkeit im Beruf anzuwenden, zeigte sich an der hohen Teilnehmerzahl dieser Fortbildung. Waren es doch insgesamt 150 Ärzte, Psychotherapeuten, Yogalehrer und Coachs, die sich in die Kunst der Achtsamkeit einführen lassen wollten. Die meisten der Teilnehmer waren, wie sich im Verlauf der einwöchigen Fortbildung herausstellte, bereits erfahrene Meditierende – und einige von ihnen waren schon mehrfach auf einer Fortbildung zum Thema Achtsamkeit gewesen.

Bescheidenheit und Demut waren nicht zu sehen, wenn es darum ging, den anderen die eigenen Meditationserfahrungen mitzuteilen. Zu gerne ließ man die anderen wissen, was, wann, wo, wie oft und bei wem man schon alles praktiziert hatte. Besonders gerne beeindruckten sich die Teilnehmer gegenseitig mit Jahreszahlen intensiver Praxis und Schülerschaft bei bekannten Mediations- oder Yogalehrern. Gerade so, als hinge die wahre Tiefe ihrer spirituellen Reife von Jahren und Anzahl bekannter Meistern ab. Und natürlich gab man sich auch immer wieder gerne Tipps. Immer wieder hörte ich in diesen Tagen, wie man sich über charismatische spirituelle Lehrer und traumhaft gelegene Retreatplätze austauschte, so wie man sich über

Konsumgüter austauscht: Dieser Lehrer ist gut, jener ist schlecht. Dieser ist erwacht, jener tut nur so. Dieser ist ein Spinner, jener ein Meister. Dieser kommt aus einer alten Tradition und hat Ahnung, jener ist ein No-Name und kann deswegen keine Ahnung haben. Dieses Zentrum ist gut, hat aber einen schlechten Koch. Jenes Zentrum liegt traumhaft, ist aber zu teuer usw. Wann immer ich den Gesprächen lauschte, kam es mir vor, als würde Spiritualität konsumiert oder wie eine Ware gehandelt werden. Am liebsten tauschten sich die Teilnehmer bei den Mahlzeiten aus. Alle waren so sehr damit beschäftigt, sich ihre Erfahrungen über gute, schlechte, mittelmäßige oder erwachte spirituelle Lehrer oder eigene umwerfende, tiefgreifenden spirituelle Erfahrungen mitzuteilen, dass sie darüber ganz vergaßen, achtsam zu essen.

Überhaupt fragte ich mich immer wieder, wie Menschen, die angeblich seit zehn, zwanzig oder sogar dreißig Jahren meditieren, so unachtsam sein konnten. Im Speisesaal des Seminarhauses hing an dem Wagen, auf dem das dreckige Geschirr abgestellt wird, ein großes Schild: »Bitte nur zwei Tassen übereinanderstapeln.« Grundsätzlich waren es mindestens fünf oder sechs Tassen, manchmal sogar sieben, die aufeinandergestellt wurden. Im gleichen Saal hing an einer Ausgangstür ein Schild auf Augenhöhe: »Kein Eingang. Bitte andere Tür benutzen.« So, als gäbe es diese Aufforderung nicht, benutzten die Teilnehmer diese Tür – mich selbst inbegriffen. Ich las dieses Schild und war oft einfach zu faul, zu einer anderen Tür zu gehen, für die ich aber den ganzen Speisesaal erst hätte

Achtsamkeit

durchqueren müssen. Ich wollte so schnell wie möglich auf den Innenhof, um dort wieder während der Gehmeditation Achtsamkeit zu praktizieren – und kam mir dabei ziemlich lächerlich vor. Wie konnte ich auf der einen Seite Schritt für Schritt achtsam vor mich hingehen und auf der anderen Seite so ignorant einen Wunsch des Gastgeberhauses übergehen?

Es passte eigentlich nicht zusammen, so unachtsam zu sein auf einer Fortbildung, bei der es nur um dieses Thema ging. Vor mir selbst entschuldigte ich mich damit, dass es mir wenigstens bewusst war, *wie* unachtsam ich war. Ob den anderen ihre eigene Unachtsamkeit bewusst war oder ist, weiß ich nicht. So beobachtete ich während einer Gehmeditation zufällig bestimmt zehn Seminarteilnehmer, die auf einer Wiese Gehmeditation praktizierten, vor der ein großes Schild stand: »Diesen Rasen *nicht* barfuß betreten. Er ist frisch gedüngt!« Seelenruhig liefen sie barfuß in tiefer Achtsamkeit über diese Wiese.

Sage einfach »Stopp!«

Es war bereits der fünfte Tag, den ich auf einem Meditationsretreat verbrachte. Trotzdem produzierte mein Verstand weiterhin Abertausende von neuen Gedanken. Sie waren laut, lästig und langweilig, weil sie sich immerzu wiederholten. Aber so sehr ich mich auch bemühte, ich konnte meine Gedanken nicht anhalten.

Deshalb ging ich verzweifelt zu meiner spirituellen Lehrerin, die das Retreat leitete und fragte sie: »Wie kann ich lernen, mit meinen Tausenden von Gedanken klarzukommen?« »Durch Lauschen«, antwortete sie. »Und wie soll ich lauschen?«, fragte ich weiter. »Werde zu einem achtsamen Ohr«, erklärte sie mir, »das jede Äußerung des Universums ganz bewusst wahrnimmt, und ihr entsprechende Beachtung schenkt.«

Dann schaute sie mich an und legte ihre Handfläche aneinander. »Und in dem Augenblick, in dem du etwas hörst, das du selbst sagst«, sprach sie und klatschte dabei in die Hände, »sage einfach innerlich *stopp!*«

Wachsam achtsam

»Kann ich selbst irgendetwas tun, um erleuchtet zu werden?«, fragte ein verzweifelter Schüler, der bereits seit zehn Jahren eine intensive spirituelle Praxis verfolgte, aber immer noch nicht das Gefühl hatte, der Erleuchtung näher zu sein. Sein Meister antwortete: »Nicht wirklich, denn genauso wenig kannst du dazu beitragen, dass die Sonne morgens aufgeht.«
Der Schüler hatte eine andere Antwort erwartet und fragte resigniert: »Was nützen mir dann die geistige Übungen, die ich seit vielen Jahren mache und die du mir jeden Tag aufs Neue vorschreibst?« Daraufhin antwortete der Meister: »Um sicherzugehen, dass du achtsamer wirst und nicht schläfst, wenn die Sonne aufgeht.«

Die drei Bitten ॐ

Es gab einen bekannten indischen Guru, der zaubern konnte. Seine Zauberkünste setzte er aber nur ganz selten und auch nur dann ein, wenn er keinen anderen Weg wusste, etwas zu erreichen. Dieser Guru hatte einen Schüler, der mit seinen eigenen spirituellen Fortschritten sehr ungeduldig war und ihn deshalb immer wieder mit Bitten belästigte. Eines Tages hatte der Guru die ständigen Bitten eines Schülers satt. Er ließ ihn zu sich kommen und sprach: »Ich habe beschlossen, dir drei beliebige Dinge zu gewähren, um die du mich bittest. Danach ist Schluss! Und wenn du dann noch eine einzige Bitte an mich richtest, musst du den Ashram für immer verlassen.«

Der Schüler war hocherfreut, dass sein Guru ihn endlich erhört hatte. Ohne lange zu überlegen, sprach er seine erste Bitte auf der Stelle aus: »Bitte, lasse meine Frau auf der Stelle sterben. Sie tut das, was ich von ihr fordere, nie sofort.« Seine Bitte wurde ihm augenblicklich gewährt. Aber als die Freunde des Paares zum Begräbnis zusammenkamen und die guten Eigenschaften der Verstorbenen wieder ins Gedächtnis riefen, bemerkte der Mann, dass er viel zu ungeduldig gehandelt hatte, weil er ihren Tugenden gegenüber blind gewesen war. Würde er je eine andere Frau finden, die genauso gut wie sie wäre?

Also bat der Schüler seinen Guru, seine Frau wieder zum Leben zu erwecken. Nun hatte er nur noch eine Bitte frei. Und er war fest entschlossen, dieses Mal keinen Fehler zu machen, denn es wäre nicht mehr möglich, ihn zu korrigieren. Er fragte überall um Rat. Einige seiner Freunde rieten ihm, um Unsterblichkeit zu bitten. Aber was nützte Unsterblichkeit, sagten andere, wenn er nicht gesund wäre. Und was nützte Gesundheit, wenn er kein Geld hätte? Und was nützte Geld, wenn er keine Freunde hätte?

So vergingen die Jahre, und der Schüler konnte sich zu keiner Bitte durchringen: Leben oder Gesundheit? Reichtum, Macht oder Liebe? Schließlich ging er zu seinem Guru und sagte: »Bitte, rate mir, worum ich bitten soll.« Der Guru lachte, als er die missliche Lage seines Schülers sah, und entgegnete: »Bitte darum, achtsamer mit deinen Gedanken und Wünschen umgehen zu können.«

Alles ist gesagt ॐ

Ein bekannter Guru pflegte seinen Schülern immer wieder zu sagen: »Seid achtsam in allen Dingen. Denn nichts, was in der alltäglichen Welt den Anschein macht, wahrhaftig zu sein, ist im Sinne des Yoga wahrhaftig. Und umgekehrt ist es genauso: Nichts, was im Yoga wahrhaftig ist, ist in der normalen Welt wahrhaftig. Den Unterschied erkennt nur derjenige, der wirklich achtsam ist.«

Die zweite wichtige Botschaft, die er seinen Schülern immer wieder mit auf den Weg gab, lautete: »Ich begleite euch lediglich auf eurem Weg, aber ihr müsst lernen, mit eigenen Ohren zu hören und mit eigenen Augen zu sehen. Nichts in der Welt ist verborgen. – Mehr gibt es nicht zu sagen.«

Achtsamkeit

Die Gedanken und der Wind

Ein Schüler kam zu seinem Meister und sagte: »Meister, den ganzen Tag kommen mir eine Vielzahl von Gedanken in den Sinn. Egal, ob ich meditiere, Arbeit verrichte oder esse. Sie stören mich dabei, mich ganz und gar auf das zu konzentrieren, was ich gerade tue.«

Der Meister nahm seinen Schüler mit ins Freie. »Öffne dein Gewand, und fange den Wind ein«, forderte er ihn auf. Der Schüler antworte: »Das kann ich nicht!« Daraufhin entgegnete der Meister: »Wenn du das nicht kannst, dann kannst du auch die Gedanken nicht daran hindern, in dich einzudringen.« Der Meister hielt einen Moment inne, und dann fuhr er mit seiner Belehrung fort: »Eines kannst du jedoch tun. Du kannst achtsam sein, wenn die Gedanken kommen – und lasse dich dann nicht wie ein Blatt im Wind von ihnen forttragen, sondern bleibe fest stehen.«

Achtsamkeit will gelernt sein   ॐ

Es gab einen Ashram in Indien, in dem großer Wert auf Askese, sexuelle Enthaltsamkeit und die Praxis der Achtsamkeit gelegt wurde. Die Männer und Frauen mussten zu Beginn des einjährigen Aufenthalts im Ashram ein Gelübde der strengen Askese und Achtsamkeit ablegen und beteuern, sich strikt daran zu halten. Deshalb wurden sie in getrennten Häusern untergebracht. Auch wohnten, schliefen und aßen die Männer und Frauen in getrennten Räumen, damit sie sich ganz auf ihre spirituelle Achtsamkeitspraxis konzentrieren konnten.

Eines Morgens, als die Frauen beim Frühstück saßen, kam die Leiterin des Ashrams herein und sagte: »In der letzten Nacht wurde ein Mann im Frauentrakt des Ashrams gesehen.« Die Frauen schrien, doch eine lachte. »Aber damit noch nicht genug«, fuhr die Leiterin fort. »Was mich besonders enttäuscht, ist zu sehen, wie wenig die Praxis der Achtsamkeit bei diesem Mann und seiner Geliebten gefruchtet hat, denn vor einem der Schlafzimmer wurde ein gebrauchtes Kondom gefunden.« Wieder schrien die Frauen, doch eine lachte.
Die Leiterin war mit ihren Ausführungen noch nicht am Ende: »Damit noch immer nicht genug. Es zeigt sich wieder einmal, dass man nie genug Achtsamkeit praktizieren kann, denn in dem Kondom waren Löcher.« Da lachten die Frauen, doch eine schrie.

Achtsamkeit

Kannst du es besser?

Sri Baba, der Leiter eines Ashrams, hatte eine ganz besondere Art, seinen Schülern beizubringen, was Liebe und Handeln im Sinne des Yoga bedeutet.

Eines Tages sprach Sri Baba ein neues Mitglied seines Ashrams an: »John, sei so gut und schreibe einen neuen Text für die Speisekarte unseres Cafés.« John fühlte sich sehr geehrt, dass Sri Baba gerade ihn dazu aufgefordert hatte, denn er glaubte, dafür besonders talentiert zu sein. Der erste Entwurf für die neue Speisekarte des Cafés kam an John zurück mit einem Vermerk von Sri Baba: »Kannst du es besser? Warst du wirklich aufmerksam bei der Sache, als du den Text geschrieben hast?«

John setzte sich noch einmal hin und überarbeitete den Entwurf. Auch der kam mit dem gleichen Vermerk an ihn zurück. John setzte sich ein weiteres Mal hin, und wieder erhielt er den Entwurf mit dem gleichen Vermerk zurück. Da wurde John wütend. Dennoch setzte sich noch einmal einen ganzen freien Abend an seinen Entwurf und überarbeitete ihn so achtsam wie möglich. Bevor er ihn an Sri Baba weiterleitete, schrieb er einen Vermerk darauf: *Besser kann ich es nicht!*

Am nächsten Morgen ließ Sri Baba John zu sich kommen und teilte ihm seine Begeisterung über die Speisekarte mit. Diese Gelegenheit nutzte John und stellte Sri Baba eine Frage: »Babaji, was hat dir an den ersten Entwürfen nicht gefallen?« Darauf antwortete Sri Baba: »Die habe ich nicht gelesen. Ich habe mir nur den Entwurf angesehen, auf dem *Besser kann ich es nicht!* steht.«

Ein gutes Vorbild ॐ

Carlos hatte viele Jahre in einem Ashram in Indien gelebt. Eines Tages wollte er all die dort erworbenen Erkenntnisse in sein Leben integrieren und kehrte daher nach Amerika zurück. Er heiratete und wurde stolzer Vater eines Mädchens und später eines Jungen. Sie hießen Maria und Chris.

An einem strahlenden Sommertag besuchte Carlos mit seinen beiden Kindern einen Zoo. Als sie dort ankamen, ging Carlos zu dem kleinen Kassenhäuschen und erkundigte sich dort nach den Eintrittspreisen. Der junge Angestellte hinter der Kasse antwortete: »Erwachsene zahlen fünf Dollar und Kinder über sechs Jahren drei Dollar. Für Kinder, die jünger sind, ist der Eintritt frei. Wie alt sind ihre beiden Kinder?« Carlos antwortete voller Stolz: »Der Zirkusdirektor ist drei Jahre alt und die Tierärztin sieben.« John strahlte seine Kinder an und legte dann einen Zwanzig-Dollar-Schein auf den Schaltertisch.
Der Kassenangestellte löste die Karten und reichte sie dem Vater samt Restgeld. Dabei sagte er: »Sie hätten locker drei Dollar sparen können. Ihre Tochter sieht viel jünger aus. Hätten Sie mir gesagt, dass ihre Tochter erst fünf Jahre alt sei, hätte ich Ihnen das geglaubt.« Carlos erwiderte: »Ja, Maria sieht wirklich jünger aus. Und es mag sein, dass Sie nichts bemerkt hätten. Aber meine Kinder sind sehr achtsam – und sie hätten den Unterschied bemerkt.«

Geschichten über die Kostbarkeit des Jetzt

Yoga hat das Ziel, spirituell Praktizierende ganz bewusst und achtsam ins Jetzt, den gegenwärtigen Moment zu versetzen. Im Sinne des Yoga ist damit die Fähigkeit gemeint, sich vollkommen auf einen Gegenstand oder eine Frage zu konzentrieren.

Dies ist für die meisten Menschen relativ schwirig, denn normalerweise ist unser Geist mit einem betrunkenen Affen vergleichbar: Ungestüm und rastlos hüpft er von einem Ast zum nächsten, oft unfähig, für ein paar Augenblicke ruhend zu verweilen. Auch das Bild eines Hundewelpen trifft zu: Der Welpe ist nur daran interessiert zu spielen. Sobald sich irgendetwas bewegt, wird seine ganze Aufmerksamkeit von diesem Gegenstand in Besitz genommen.

Durch die Yogapraxis hingegen gelangen wir in einen Zustand, der es uns erlaubt, absolut ins Hier und Jetzt einzutauchen. In diesem Zustand, dem Zustand des Yoga, erreicht unser Geist eine Qualität, die uns hilft, Dinge und Situationen in einem neuen Licht zu sehen und uns selbst, andere und das Leben allgemein besser zu verstehen. Wir verlieren unsere vorgefassten Meinungen und Ansichten, und erfahren einen anderen Menschen in seiner Tiefe und Freude und in seinem Leid. Wir werden vom Leben selbst berührt. Angekommen im Hier und Jetzt leben wir viel bewusster. Dann erkennen wir auch die spirituellen Wunder des Augenblicks, das Göttliche – und die Kostbarkeit des Lebens.

Es ist wunderschön hier!

Der Strand in Kerala im Süden Indiens zählte in den 80er-Jahren zu den schönsten Strände Indiens. Er war überhaupt einer der schönsten Stränden, die ich bis dahin gesehen hatte. Volle vier Wochen verbrachte ich dort, und ein Tag war schöner als der andere. Aber an einen Tag dort erinnere ich mich auch heute noch besonders nachhaltig – es ist so, als wäre er gerade erst gestern gewesen.

Bereits am frühen Morgen glich der Strand in meinen Augen einem Paradies. Die Sonne schien nur für mich zu scheinen und die Mangos und Papayas nur für mich zu wachsen – und ich badete im Meer. Zeit und Raum verloren ebenso wie Sorgen und Ängste ihre Gültigkeit. Es war so wunderschön, dass ich ganz im Augenblick versunken war und mich nach nichts sehnte.

Auch die anderen Badegäste waren bester Laune an diesem wolkenlosen Tag. Als ich wieder ein erfrischendes Bad im Meer nehmen wollte, stellte sich ein junger Mann namens Elliot neben mich. Er strahlte mich an und sagte: »Ist es nicht einfach wunderschön hier?« Dann sprang er ins Wasser. Ein Freund von Elliot folgte ihm nach, und sie schwammen gemeinsam ein Stück weit aufs offene Meer hinaus.
Bald aber wurde Elliot von seinem Freund aufgefordert, zum Strand zurückzukehren, denn die Strömung an diesem Küstenstreifen galt als besonders gefährlich. Doch Elliot hörte nicht darauf und schwamm noch ein Stück

weiter hinaus, bis ich ihn aus den Augen verloren hatte. Die Strömung hatte in unter Wasser gezogen, sodass er ertrank.

Schlagartig wurde aus dem kleinen Paradies ein Ort des Schreckens. Gerade hier, wo die Natur mich mit ihrer Schönheit beeindruckt hatte und mir das Leben so sorgenfrei vorkam, begegnete mir der Tod. Wie nie zuvor wurde mir bewusst, dass der Tod einem jeden Moment und überall begegnen kann – auch im Paradies.

Dieses Erlebnis wirkte sehr nachhaltig auf mich. Immer wieder sah ich den jungen strahlenden Elliot vor mir, und oft, wenn ich mich an diese Situation erinnere, wird mir auch meine eigene Sterblichkeit bewusst und die der Menschen, die ich besonders liebe. In diesen Momenten erinnere ich mich auch daran, dass ich mich selbst auf einer Reise befinde – auf meiner eigenen Lebensreise. Dabei ist es egal, ob ich gerade zu Hause vor meinem PC sitze oder mich an irgendeinem anderen Ort der Welt befinde. Dann wird mir die Kostbarkeit meines Lebens wieder bewusst und es gelingt mir, meine Träume und Sorgen loszulassen und einfach nur den gegenwärtigen Moment voll und ganz zu genießen und mir zu sagen: *Es ist wunderschön hier!*

Die drei dämonischen Lehrlinge

Eine alte indische Legende erzählt von drei Lehrlingen des Bösen, die sich zur Beendigung ihrer Ausbildung unter die Menschen mischen sollen, um sie für das Böse zu gewinnen.

Bevor sie aufbrachen, unterhielten sie sich mit ihrem Lehrmeister. Sie schilderten ihm ihre Pläne, wie sie die Menschen in Versuchung führen und so in die Arme des Bösen treiben wollten. Der erste Lehrling sprach: »Ich werde den Menschen beibringen, dass es Gott nicht gibt.« Der Meister entgegnete: »Damit wirst du nicht sehr erfolgreich sein. Viele Menschen wissen instinktiv, dass es Gott gibt. Sobald sie in sich selbst hineinhorchen, erkennen sie Gott. Deshalb wirst du nicht sehr erfolgreich sein und sie kaum für das Böse gewinnen.«
Der zweite Lehrling sagte: »Ich werde den Menschen erzählen, dass es keine Hölle gibt. Ich werde ihnen das Gefühl vermitteln, dass, egal wie schlimm ihre Taten auch sein mögen, sie für ihre Sünden keine Strafen zu fürchten brauchen.« Auch hier zeigte sich der Meister nicht zufrieden: »Auf diese Weise wirst du kaum jemanden für uns gewinnen. Heute wissen die Menschen längst, dass es eine Hölle gibt und dass jede böse Tat eine entsprechende Strafe nach sich zieht.«
Der dritte Lehrling, der ein besonders ehrgeiziger Schüler war, erklärte: »Ich werde den Menschen das Gefühl vermitteln, dass sie unendlich viel Zeit zur Verfügung haben. Dadurch werden sie glauben, dass sie all das Gute, das

sie vorhaben, auf »später« verschieben können. Ich werde ihnen zudem sagen, dass es nichts gibt, was hier und jetzt getan werden muss.« Da strahlte der Meister über das ganze Gesicht und sagte: »Begib dich ans Werk – du wirst Erfolg haben! Tausende werden sich dafür entscheiden, das Gute irgendwann zu tun. Das Böse hingegen erledigt jeder einmal auf die Schnelle und in der Absicht, es später wieder gutzumachen.«

Die zwei Asketen

Es waren einmal zwei Asketen ungleichen Alters. Sie hatten sich geschworen, ein reines Leben in Hinblick auf Ernährung, Lebensführung und Geisteshaltung zu führen. So hatten sie sich zum Beispiel geschworen, kein Fleisch zu essen und sich sowohl körperlich als auch gedanklich nicht mit Frauen einzulassen. Eines Tages kamen sie auf einer ihrer Wanderungen an einen Fluss, den sie überqueren mussten. Durch einen Regenfall der vorhergehenden Nacht war die Strömung des Flusses ausgesprochen stark. Am Ufer stand eine Frau, die ebenfalls über den Fluss gelangen musste. Aufgrund der starken Strömung sah sie sich aber allein dazu nicht in der Lage. Sie bat den älteren der beiden Asketen, ihr über den Fluss zu helfen. Dieser nahm sie auf seine Schultern und trug sie über den Fluss. Auf der anderen Seite des Flusses angekommen, setzte er die wieder Frau ab und verabschiedete sich von ihr. Dann setzte er gemeinsam mit dem anderen Asketen die Reise fort.

Die beiden schwiegen eine Zeit lang. Aber nach etwa zehn Meilen platzte es ärgerlich aus dem jüngeren Asketen heraus: »Du hast unseren Schwur gebrochen! Wir wollten uns niemals mit Frauen einlassen. Deshalb hättest du diese Frau nicht über den Fluss tragen dürfen.« Der ältere Asket wandte sich erstaunt dem jüngeren zu und erwiderte lächelnd: »Ich habe die Frau bereits vor zehn Meilen, am Ufer des Flusses, abgesetzt. Warum trägst du sie immer noch, in deinem Kopf, mit dir?«

Der alte Yogi   ॐ

Eines Nachts drangen Diebe in die Hütte eines alten Yogis ein. Sie nahmen alles mit, was sie fanden. Der Yogi, der auf seinem Lager im Nebenraum meditierte, bemerkte die Diebe, tat aber nichts, um sie aufzuhalten. Als sie die Hütte wieder verließen, befand sich unter den gestohlenen Gütern auch ein Krug, von dem des Abends ein Mann getrunken hatte, der Lepra hatte, also sehr ansteckend war. Der Yogi rannte hinter den Dieben her. »Meine guten Leute«, rief er »was immer ihr mitgenommen habt, betrachtet es als mein Geschenk an euch. Es ist nicht so, dass ich euch die Sachen nicht gönne. Seid aber bitte vorsichtig mit dem Krug. An dem haftet der Atem eines Kranken, sodass ihr die Krankheit bekommen könntet.« Noch während der Yogi den Dieben dies offenbarte, schaute er hoch zum Himmel und erblickte dort den Mond, der auf wundervolle Weise leuchtete.

Ganz erfüllt von dem Anblick des Mondes sprach der Yogi zu den Dieben: »Ich wünschte, ich könnte euch auch noch diesen wunderschönen Mond schenken, der heute Nacht besonders malerisch aussieht.« Die Diebe wurden im Herzen so ergriffen von den Worten des Yogis, dass sie ihn sogleich fragten, ob sie seine spirituellen Schüler werden könnten.

Der Uhrenverkäufer aus Mumbai

Ein Uhrenverkäufer in Mumbai erzielte sehr hohe Umsätze durch den Verkauf von Schweizer Uhren. Viele seiner Kunden schienen nicht nur eine, sondern gleich mehrere Uhren zu benötigen. Eines Tages wollte er sein Glück auch auf dem Land versuchen. Daher packte er seine Uhrenkollektion ein und fuhr nach Goa.

Als der Uhrenverkäufer an einem Palmenhain vorbeikam, sah er, wie ein Yogi damit beschäftigt war, Kokosnüsse zu ernten. Zugleich achtsam und schnell stieg er auf die Palmen, pflückte in schwindelerregender Höhe die Kokosnüsse, lud sie in seine Umhängetasche und stieg wieder genauso achtsam und schnell von der Palme herab.
Der Uhrenverkäufer wollte den Yogi nun davon überzeugen, sich eine Uhr anzuschaffen. Schließlich würde er eine benötigen, um pünktlich zum Mittagessen in seinen Ashram zurückzukehren. Deshalb fragte er den Yogi: »Könnt Ihr mir bitte sagen, wie spät es ist?« Der Yogi schaute auf die Kokosnüsse, die er gesammelt hatte, zählte sie und sagte dann: »Es sind noch zehn Kokosnüsse bis zum Mittag.«

Anstrengend

Es war einmal eine Yogalehrerin, für die ich als Ghostwriterin ein Buch schrieb. Wir trafen uns über einen Zeitraum von drei Monaten jedes Wochenende und arbeiteten an ihrem Buch. Jedes Mal, wenn wir zusammensaßen, sagte sie mit einem lauten Seufzer: »Ach, ist das anstrengend, ein Buch zu schreiben! Ach, ist das anstrengend.«

Ich versuchte, ihr die Arbeitszeit zu versüßen, indem ich sie wissen ließ, was für ein schönes und erfüllendes Gefühl es sein würde, das fertige Buch in den Händen zu halten. Ich berichtete ihr auch, dass man dann nur noch stolz wäre über die vollbrachte Leistung und die ganze Anstrengung in Vergessenheit geriete. Sie schien meine Aufmunterungen aber jedes Mal zu überhören und sagte gleich noch einmal: »Ja, aber es ist trotzdem ganz schön anstrengend! Ach, es ist ja so anstrengend.«

Nach einem halben Jahr erhielt ich das erste Exemplar ihres Buches frisch aus der Druckerpresse. Ich lud die Yogalehrerin zum Essen ein, um mit ihr das Erscheinen ihres Buches zu feiern. Ich genieße nämlich immer wieder den Blick eines Autors, wenn er das frisch gedruckte Buch zum ersten Mal in seinen Händen hält und stolz über das ganze Gesicht strahlt. Als jedoch diese Yogalehrerin zu mir kam, nahm sie das Buch zur Hand, verzog ihr Gesicht zu einer erschöpften Miene und sagte: »Ach, war das anstrengend! Ach, war das anstrengend.«

Die Geschichte vom Weizen

Einmal wurde ein Mann, der zu spät zum Essen heimkam, von seinen Freunde gefragt: »Wieso kommst du zu spät?« Er antwortete: »Ich habe dem Weizen beim Wachsen geholfen.« »Gut, gut«, meinten sie daraufhin.

Nach dem Essen gingen sie gemeinsam auf die Felder hinaus, und siehe da, der ganze Weizen war verdorrt. »Was hast du getan?«, schrien sie den Mann an. – »Ich bin fleißig durch alle Reihen gegangen und habe an allen Weizenhalmen gezogen, um ihnen beim Wachsen zu helfen.«

Wer weiß es schon?

Einem einfachen Bauern in Indien war eines Tages ein wunderschöner Schimmel zugelaufen. Seine Nachbarn besuchten ihn voller Verwunderung und sagten: »Welch großes Glück du hast, dass dir so ein edles Pferd zuläuft!« Der Bauer erwiderte nur: »Wer weiß es schon?«
Übermütig setzte sich der junge Sohn des Bauern auf das Pferd. Nach wenigen Minuten stürzte er zu Boden und brach sich ein Bein. Die Nachbarn, die dem Jungen zugeschaut hatten, riefen voller Entsetzen: »Oh je, welch ein Unglück! Dieses Pferd bringt wahrscheinlich viel Pech.« Der Bauer entgegnete nur: »Wer weiß es schon?«
Einige Tage später kamen Soldaten des Königs in das Dorf, um die jungen Männer für den Krieg einzuziehen. Der Sohn des Bauern durfte wegen seines gebrochenen Beins daheim bleiben. Die Nachbarn kamen zu dem Bauern und beglückwünschten ihn: »Welch großes Glück hast! Dein Sohn muss nicht in den Krieg.« Der Bauer meinte nur: »Wer weiß es schon?« Und er fügte hinzu: »Was bringt es mir, mir Gedanken über die Vergangenheit oder die Zukunft zu machen? Denn wer weiß schon, was es am Ende alles zu bedeuten hat?«

Die Kostbarkeit des Augenblicks

Ein Guru lag auf dem Sterbebett. Seine engsten Schüler waren um ihn versammelt und von tiefer Traurigkeit erfüllt. Zum Abschied hatten sie ihm noch einmal jene Süßspeise zubereitet, die er über alles liebte. Nun saßen sie um das Totenbett herum und schauten dem Guru zu, wie dieser sich aufsetzte, sich einen kleinen Löffel der Speise nahm und sie besonders bedächtig verzehrte. Dann glitt ein seliges Lächeln über sein Gesicht und er legte sich wieder hin.

Die Schüler begriffen, dass nun der Moment gekommen war, an dem ihr Guru sie für immer verlassen würde. Deshalb drängten sie sich alle noch einmal dicht um das Bett und fragten: »Guruji, wollt ihr uns noch eine letzte Belehrung erteilen?« »Ja«, flüsterte der Guru mit schwacher Stimme. Daraufhin spitzen die Schüler aufmerksam ihre Ohren und lauschten, um ganz aufmerksam und bewusst seine letzten Worte zu vernehmen. Er schaute einen nach dem anderen an und sagte dann mit einem Lächeln auf den Lippen: »Diese Süßspeise ist einfach köstlich!« Damit schloss er seine Augen und starb.

Geschichten über die Begegnung mit dem Göttlichen

Das Ziel eines spirituell Suchenden ist es, eine Erfahrung mit dem Göttlichen zu machen – was immer das sein mag. Meist haben wir ganz bestimmte Vorstellungen vom Göttlichen, und meist suchen wir an der falschen Stelle danach. Manchmal machen wir spontan eine Erfahrung des Göttlichen, doch es gelingt uns nur selten, sie zu halten. Genauso schwierig ist es, das Göttliche ganz gezielt zu erfahren. Es heißt, es brauche dafür eine gewisse Gnade.

Dauerhaft in Kontakt mit dem Göttlichen zu sein, gelingt nur wenigen. Kurzzeitig, vielleicht für einige Sekunden oder Minuten eine Erfahrung davon zu machen, gelingt hingegen vielen Menschen. Es sind Momente, in denen wir mit uns selbst oder mit anderen Menschen und dem Leben die absolute Einheit erfahren, rein und vollkommen, ohne Beginn und ohne Ende.

Im Yoga spielt eine solche Erfahrung eine große Rolle. Sie vermittelt dem Menschen, der auf der Suche nach sich selbst und der tiefsten Wahrheit ist, eine vollständige Erkenntnis über seine eigene Identität und über die wahre Identität allen Seins.

Die Erfahrung mit dem Göttlichen in Worte zu fassen, ist schwer und führt immer wieder zu Verwirrungen. Es ist so, als wolle man einem Fisch das Wasser erklären. Die Folge davon ist, dass sich das Unaussprechliche und Unbenennbare immer nur mit Symbolen, Bildern und Worten umschreiben lässt.

Zudem darf man nicht vergessen, dass auch die Ausdrucksform und Sprache der eigenen Tradition eine Rolle spielen, und somit die Beschreibung des Unaussprechlichen durch die Zeit, Kultur und Bildung des Menschen geprägt wird, der es erlebt. So äußerte zum Beispiel Dogen, der Begründer des japanischen Zen, seine Erfahrung anders als Patanjali oder die *Upanishaden* – oder auch anders als Meister Eckhart, Teresa von Ávila oder Johannes vom Kreuz.

So bleiben alle Erfahrungen, über die in den letzten Jahrtausenden berichtet wurde, immer nur ein Hinweis darauf, was das Göttliche ist. Kommen wir selbst damit in Kontakt, erkennen wir, dass uns – wie mancher Lama zu sagen pflegt – nichts näher liegt als der nächste Atemzug.

Auf der Suche

Eines Abends, es war schon spät, wollte Claudia ihren Freund Klaus in seiner Yogaschule abzuholen. Zu ihrer Überraschung erblickte sie ihn bereits aus der Ferne. Er ging langsam um einen Laternenpfahl herum, der sich auf der gegenüberliegenden Seite des Yogaschule befand. Er bückte sich immer wieder und kroch sogar im Lichtkreis der Laterne auf allen Vieren auf dem Boden herum.
Als Claudia herangekommen war, fragte sie Klaus besorgt: »Um Himmels willen, suchst du etwas?« Er wandte seinen Blick nicht vom Boden ab antwortete weitersuchend: »Ich habe den Schlüssel zu meinem Yogastudio verloren.« Sofort begann sie, ihrem Freund bei der Suche zu helfen. Auch sie suchte und suchte, jedoch erfolglos.
Schließlich fragte Claudia: »Sag einmal, Klaus, wo genau hast du den Schlüssel verloren?« »Im Haus, glaube ich«, entgegnete Klaus. Daraufhin fragte sie ihn verwirrt: »Und warum suchst du deinen Schlüssel dann hier unter dem Laternenpfahl?« »Weil hier mehr Licht ist«, antwortete Klaus. Dann bückte er sich wieder und suchte weiter.

Die Suche nach dem Meister ॐ

Michael, der auf der Suche nach dem Göttlichen war, saß in Gedanken versunken auf einem Mäuerchen. Schon viele Jahre lang suchte er nach einem wahrhaft spirituellen Lehrer und einer tiefen Wahrheit – allerdings bislang vergebens. Nun war er an einem Punkt angelangt, an dem er verzweifelt war und nicht mehr wusste, wie seine Suche weitergehen sollte.

Da kam von fern ein Mann etwa gleichen Alters auf Michael zu und musterte ihn mit einem geheimnisvollen Gesichtsausdruck. Er setzte sich neben Michael auf das Mäuerchen. Die Männer begannen, gemeinsam verschiedene Mantren zu rezitieren, Yoga zu praktizieren und zu meditieren.

Nachdem sie so mehrere Tage zusammen verbracht hatten, fragte Michael den anderen: »Meister, wie geht es weiter? Was soll ich jetzt machen?« »Was?«, rief der andere erstaunt aus, »ich dachte, du bist hier der Meister!«

Der Weg des Hasen

Der indische Dichter Rabindranath Tagore erzählt von einem Suchenden, der lange Zeit und mit großem Eifer und Ernst Gott sucht.

Manchmal hat der Suchende eine Ahnung von ihm, eine innere Erfahrung, aber sein Ziel, Gott wirklich zu begegnen, erreicht er nicht.

Schließlich kommt er auf seinen entbehrungsreichen Wanderungen zu einem Berg. Er steigt ihn hinauf und entdeckt auf dem Gipfel des Berges ein Haus. Auf dem Türschild steht: »Hier wohnt Gott.« Er ist außer sich vor Freude und will schon anklopfen, als ihm jäh klar wird, was das bedeuten würde.

Wenn Gott die Tür öffnete, wäre alles aus! Seine Pilgerreisen, seine großen Abenteuer und seine ganze hohe Suche wären zu Ende. Wer wäre er dann? Seine Identität als Suchender wäre dahin. Er wäre wie Selbstmord. Der Schock dieser Erkenntnis durchfährt ihn wie ein Blitz.

Er zieht leise seine Schuhe aus und geht vorsichtig und lautlos, um von Gott nicht bemerkt zu werden, den Weg wieder zurück. Als er unten ankommt, rennt er, ohne sich umzudrehen, fort so schnell er kann.

Kaum wähnt er sich jedoch in Sicherheit, setzt er seine fromme Suche nach Gott in allen Winkeln der Welt fort. Er weiß, er muss nur diesen Berg mit diesem Haus meiden, dann kann er ewig weitersuchen. Und das ist es, was er fortan tut, denn er ist ein Suchender.

Der Brunnen der Erkenntnis ॐ

Ein Mann aus Hamburg war seit vielen, vielen Jahren auf der Suche nach Gott. Er reiste immer wieder nach Indien, stets in der Hoffnung, dass sein Suchen dort ein Ende fände.

Eines Tages, als er den Norden Indiens bereiste, sagte ihm ein alter Yogi, dass ein Ziehbrunnen die Antwort bärge, nach der es ihn seit so vielen Jahren dürstete. So suchte er den Brunnen und fand ihn nach einigen Wochen inmitten einer Oase. Er stellte seine Frage, und aus der Tiefe des Brunnens erklang folgende Antwort: »Gehe zum nächsten Dorf in Richtung Osten. Dort wirst du an der ersten Straßenkreuzung finden, was du suchst.«

Der Mann war voller Hoffnung und ging eiligen Schrittes zum beschriebenen Dorf. Doch an der beschriebenen Stelle fand er lediglich drei heruntergekommene Läden: Einer handelte mit Metalldrähten, der nächste verkaufte verschiedenste Holzsorten, und im dritten gab es Metallstücke zu erwerben. Damit hatte er als Letztes gerechnet. Nichts und niemand an dieser Kreuzung schien einen Hinweis darauf zu geben, dass er hier Gott fände. Enttäuscht kehrte der Mann zum Brunnen zurück und verlangte nach einer Erklärung. Aus dem Brunnen erhielt er nur folgende Antwort: »Eines Tages wirst du den tieferen Gehalt des Geschehenen verstehen.«

Der Mann aus Hamburg wurde wütend und schrie in den Brunnen hinab, aber alles, was er als Antwort erhielt, war das Echo seiner eigenen Stimme. Er fühlte sich betrogen und setzte seine Wanderungen fort, ohne weiter über das

Erlebnis nachzudenken. Im Laufe der Zeit vergaß er es immer mehr. Dann, eines Nachts, vernahm der Mann den Klang einer Sitar. Verzaubert durch die wunderschönen Laute, die dem Instrument entlockt wurden, wandelte er im Mondlicht dahin und folgte ihnen, bis er den Sitarspieler vor sich sitzen sah. Diesem sah er zu und beobachtete sein flinkes Spiel auf der Sitar.

Und von einem Moment zum anderen verschmolz der Mann aus Hamburg mit der Musik. Er hörte die Klänge nicht mehr, er wurde selbst zum Klang. In dem Moment erkannte er auch, dass die Sitar aus Metalldrähten, den Metall- und den Holzstücken bestand, die er vor einigen Jahren in den drei Läden an jener Straßenkreuzung gesehen hatte. Dadurch verstand er die Weisung des Brunnens: Alle Teile sind in uns vorhanden und gehören untrennbar zu uns.

Wir sind auch mit allem verbunden – und sind göttlich. Dann, wenn wir aufhören zu denken und nur noch sind. Solange wir denken und alles nur als Fragmente, als unabhängig voneinander existierende Dinge betrachten, können wir den eigentlichen Wert nicht erkennen. Erst wenn wir die innere Verbindung all dessen erkennen, erleben wir eine neue Wirklichkeit, die nicht erkennbar ist, solange wir die Welt nur mit unserem Verstand wahrnehmen.

Der göttliche Ton

Es gab einmal einen Yogi, der immer wieder mit seiner Sitar auf den Marktplatz einer kleinen Stadt ging. Viele Jahre lang erfreute er dort die Menschen mit den unterschiedlichsten Ragas. Aber es kam der Tag, an dem er nur noch einen einzigen Ton zupfte und dabei über das ganze Gesicht strahlte.

Schon bald wurde die große Menschenmenge, die sich wie immer um den Yogi versammelt hatte, um seiner Musik zu lauschen, unruhig. Die Zuhörer waren sich nicht sicher, ob er sein Instrument noch stimmen würde oder ob er sich mit ihnen einen Scherz erlauben wollte. Schließlich platzte es aus dem Ungeduldigsten heraus: »Jetzt lässt du uns schon über eine halbe Stunde warten und langweilst uns! Warum spielst du nicht wie früher unterschiedliche Ragas, um uns zu unterhalten?«

Darauf antwortete der Yogi: »All die Jahre wollte ich euch nicht unterhalten, sondern habe Gott in den vielen verschiedenen Stücken gesucht. Letzte Nacht lauschte ich zum ersten Mal dem, was ich spielte, mit dem Herzen, und dabei offenbarte sich mir Gott in einem einzigen Ton. Hörst du ihn nicht?«

Richtig beten kann man nur aus dem Herzen

Es gab einmal einen gläubigen, frommen Mann, der Schiffbruch erlitt und als einziger Überlebender an eine Insel getrieben wurde. In der Einsamkeit der Insel hatte er eine tiefe Gotteserfahrung und erkannte, dass alles um ihn herum göttlich, ja, dass selbst der Untergang des Schiffes im göttlichen Plan enthalten war. Während dieser Gotteserfahrung kam dem Schiffbrüchigen ein Mantra in den Sinn, das er vor vielen Jahren einmal gehört hatte. Von diesem Moment an rezitierte er dieses Mantra über den Tag verteilt viele Male aus tiefstem Herzen, allerdings ohne zu wissen, wie es wirklich betont wurde.

Eines Tages kam ein Yogi mit einem Schiff auf die Insel. Er hörte, wie der Schiffbrüchige das Mantra rezitierte. Der Yogi hörte bereits nach der ersten Silbe, dass der Mann es falsch betonte und zudem hier und dort eine Silbe verdrehte. Der Yogi belehrte den Mann über die wichtige Bedeutung der Mantren und erklärte ihm, dass ein Mantra nur dann eine Wirkung zeigen würde, wenn es richtig ausgesprochen und betont würde.

Einige Tage später verließ der Yogi die Insel wieder. Er war bereits einige Meilen entfernt, als er sah, wie eine Gestalt über das Wasser auf ihn zu lief und wild mit den Händen gestikulierte. Es war der Schiffbrüchige. Als er das Boot erreichte, sprach er den Yogi an: »Ich habe schon wieder vergessen, wie man das Mantra richtig ausspricht. Bitte, sagt es mir noch einmal.«

Svetaketu – eine Erzählung aus den Upanishaden ॐ

Vor vielen, vielen Jahren lebte in Indien ein Jüngling namens Svetaketu bei seinem Vater, Uddalaka Aruna. Als der Jüngling zwölf Jahre alt wurde, schien es seinem Vater an der Zeit, seinen Sohn zu einem Guru zu schicken. Svetaketu ging, wie sein Vater ihm befohlen hatte – und kehrte im Alter von vierundzwanzig Jahren als junger Mann wieder nach Hause zurück. Er hatte viel von seinem Guru gelernt, aber zugleich wirkte er auf seinen Vater sehr hochnäsig und eingebildet. Ja, Svetaketu vermittelte seinem Vater sogar das Gefühl, bereits alles begriffen zu haben und nichts mehr lernen zu müssen.

Der Vater war erstaunt über das arrogante Verhalten seines Sohnes und nahm ihn eines Morgens zur Seite. Er fragte ihn: »Mein Sohn, du hast tatsächlich viel gelernt in den letzten zwölf Jahren. Aber hat dir dein Guru in diesen Jahren von den Lehren erzählt, durch die man hört – hört und versteht –, was man nicht hören kann? Oder hast du nach dem gefragt, wodurch man sieht, was man nicht sehen kann, und weiß, was nicht gewusst werden kann?« Svetaketu war erstaunt, dass es anscheinend noch etwas gab, was er nicht wusste. Das machte ihn neugierig, und so antwortete er: »Nein, Vater, davon habe ich nicht gehört. Was sind das für Lehren?«

»Nun gut, mein Sohn, ich will dir von ihnen berichten. Wenn du weißt, was genau ein Klumpen Lehm ist, dann weißt du das Wesentliche über sämtliche Dinge auf dieser Welt, die aus Lehm gemacht werden. Sie haben alle die gleiche Grundsubstanz und unterscheiden sich lediglich durch ihre äußere Form und ihren jeweiligen Namen voneinander. Genauso verhält es sich mit einem Klumpen Gold. Sobald du verstanden hast, woraus der Klumpen Gold besteht, kannst du das Wesentliche über alle Dinge, die aus diesem Metall hergestellt wurden, erkennen. Auch hier unterscheiden sich alle Dinge, die aus Gold hergestellt wurden, lediglich in ihrer äußeren Form und durch ihren individuellen Namen. Das gleiche gilt für Kupfer, Eisen, Platin und all die anderen Metalle, die du kennst. Kennst du die Beschaffenheit und das Wesentliche, woraus die Dinge gemacht sind, dann weißt du, dass sie sich lediglich in Form und Namen unterscheiden. Durch solches Wissen erhältst du das Wesentliche und die Grundlage von allem zu Wissenden. Hat dich dein Guru dies gelehrt?«

»Mein lieber Vater, ich glaube, dass mein Lehrer dieses Wissen nicht besaß, sonst hätte er es mich bestimmt gelehrt. Deshalb bitte ich dich vom ganzen Herzen, mich darin zu unterrichten.« – »Das tue ich gerne, mein Sohn, darum höre gut zu. Am Anfang war reines Sein, ein Sein ohne ein anderes. Einige Menschen glauben zwar, dass am Anfang nur das Nichtseiende war, das Nichtseiende ohne ein zweites, und dass dieses das Seiende gebar. Aber sage mir, wie hätte es so sein sollen? Wie hätte sich aus dem Nichtseienden ein Seiendes entwickeln können?« Er schaute seinen Sohn durchdringend an und fuhr mit seiner Belehrung fort: »Nein, mein Sohn, am Anfang aller Dinge existierte das rein Sein. Das reine Sein aber dachte bei sich selbst: Ich möchte so gerne Viele werden. Ich möchte gerne die verschiedensten Gestalten und Formen annehmen. Und so schuf das eine Sein das Licht. Das Licht aber dachte bei sich selbst: Ich möchte so gerne Viele werden. Und das Licht brachte das Wasser hervor. Und das Wasser dachte bei sich selbst: Ach, ich möchte so gerne Viele werden und Form und Gestalt bekommen. Und so erschuf das Wasser die Erde. Auf diese Weise erschuf sich das ganze Universum aus dem reinen Sein.« Uddalaka Aruna hielt bewusst einen langen Moment inne, bevor er seinem Sohn tief in die Augen schaute und sagte: »Dieses Sein, das die feine Grundsubstanz von allem ist, die höchste Wirklichkeit, das Selbst von allem, was existiert – das bist du, Svetaketu.«

Svetaketu war mit einem Mal hellwach und spürte, dass sein Vater im Begriff war, ihm eine der zentralen Lehren zu vermitteln. Und mit einem Flehen in der Stimme bat er: »Erzähle mir mehr von diesem Wissen, gelehrter Vater.« Uddalaka Aruna war erfreut über die Reaktion seines Sohnes und fuhr mit seiner Belehrung fort: »Nun gut, mein Sohn. Wenn die Bienen im Sommer den köstlichen Nektar von den verschiedensten Blüten sammeln und ihn zu Honig vermischen, dann denken die einzelnen Teilchen des Nektars nicht darüber nach, woher sie kommen. Genauso verlieren alle getrennten Wesen in dem Augenblick, in dem sie mit dem reinen Sein in Berührung kommen, die Vorstellung von ihrer getrennten Natur. Aber in dem Moment, in dem sie aus dem reinen Sein wieder zurückkehren, haben sie wieder das Bewusstsein einer getrennten Individualität – ob sie nun Bär, Ameise, Tiger,

Adler, Mücke oder Fliege sind. Ja, selbst der Floh oder ein Moskito werden wieder ganz sie selbst.« Und wieder hielt der Vater einen Moment inne, schaute seinem Sohn wieder tief in die Augen und sagte in feierlichem Ton: »Und dieses Sein, das die feine Grundsubstanz von allem ist, die höchste Wirklichkeit, das Selbst von allem, was existiert – das bist du, Svetaketu.«

Svetaketu bat seinen Vater: »Erzähle mir mehr von diesem Wissen, gelehrter Vater.« Er war schon gespannt, was sein Vater ihm als Nächstes erklären würde. »Nun gut, mein Sohn«, antwortete der Vater und fuhr fort »Alle Flüsse und auch alle Bäche, ob sie nun von Osten oder von Westen kommen, fließen in das Meer. Wenn sich die Flüsse erst einmal im Meer vereint haben, dann denken sie nicht länger: Ich bin dieser Bach, und ich bin jener Fluss. In der gleichen Art und Weise, mein Sohn, denken alle Wesen, wenn sie sich wieder mit dem Sein vereint haben, nicht mehr an die gewundenen Pfade, die sie im Leben gingen.« Und auch an dieser Stelle hielt der Vater wieder inne, schwieg jetzt aber etwas länger, bis er gewiss war, wieder die volle Aufmerksamkeit seines Sohnes zu haben und sagte dann: »Dieses höchste Sein, das die feine Grundsubstanz von allem ist, die höchste Wirklichkeit, das Selbst von allem, was existiert – das bist du, Svetaketu.«

»Erzähle mir mehr von diesem Wissen, gelehrter Vater«, bat Svetaketu. »So soll es sein, mein Sohn. Gehe hin, und bringe mir eine Feige von dem Feigenbaum dort drüben.« Svetaketu tat, wie sein Vater es ihm befohlen hatte. »Hier ist sie, mein Vater.« – »Öffne die Feige, und berichte mir, was du im Innern der Frucht siehst.« – »Ich sehe viele, viele winzige Samen, mein Vater.« – »Nimm einen der Samen, öffne ihn, und sage mir, was du darinnen siehst.« – »Ich sehe in seinem Inneren ganz und gar nichts, mein Vater.« Darauf sagte der Vater: »Die feine Grundsubstanz, die Lebenskraft der Feige, erscheint dir als Nichts, aber glaube mir, mein Sohn, aus diesem großartigen Nichts ist dieser Feigenbaum emporgewachsen. Dieses Sein, das die feine Grundsubstanz von allem ist, die höchste Wirklichkeit, das Selbst von allem, was existiert – das bist du, Svetaketu.«

»Erzähle mir mehr von diesem Wissen, gelehrter Vater«, bat Svetaketu. Er war erstaunt über die Weisheit seines Vaters. »Gut, mein Sohn, so soll es sein. Hole etwas Salz aus der Küche, und gib es in das Glas, das hier vor dir steht.« Der Sohn tat, wie ihm befohlen. Dann sagte der Vater: »Komme morgen früh wieder zu mir.« Svetaketu konnte es kaum abwarten, am nächsten Tag wieder zu seinem Vater zu gehen und zu hören, welche Belehrungen er ihm über das Salz und das Wasser geben würde. Als der Sohn erwartungsvoll vor seinem Vater stand, sagte dieser »Bringe mir das Salz, das du gestern Abend in das Wasser gegeben hast.« Svetaketu schaute seinen Vater überrascht an, weil in dem Glas kein Salz mehr zu sehen war. Es hatte sich über Nacht vollständig aufgelöst. »Ich kann dir das Salz nicht bringen.« Der Vater aber sprach zu ihm: »Nimm einen Schluck Wasser, ganz von oben aus dem Glas, und sage mir, wie es schmeckt.« – »Es schmeckt salzig, Vater.« –

»Schütte etwas fort, und trinke einen Schluck Wasser aus der Mitte des Glases. Wie schmeckt es?« – »Nicht weniger salzig als der erste Schluck, Vater.« – »Und jetzt schütte wieder ein wenig fort, und trinke einen Schluck Wasser vom Boden des Glases. Wie schmeckt es?« Auch hier tat der Sohn wieder, wie ihm geheißen war. »Es schmeckt genauso salzig wie der erste und der zweite Schluck.« – »Nun gut, mein Sohn. Schütte das salzige Wasser weg, und komme zu mir.« Svetaketu ging zu seinem Vater und sagte: »Jeder Tropfen schmeckte salzig.«
Und wieder schaute Uddalaka Aruna seinen Sohn eindringlich an und sagte: »Das ist richtig, mein Sohn. Du vermagst das reine Sein, wie es alles durchdringt, nicht zu sehen, aber in Wahrheit ist es immer da. Dieses Sein, das die feine Grundsubstanz von allem ist, die höchste Wirklichkeit, das Selbst von allem, was existiert – das bist du, Svetaketu.«

Indem sein Vater so eindringlich zu ihm sprach, hatte Svetaketu das erste Mal in seinem Leben das Gefühl, einen weisen Lehrer vor sich zu haben. Von ihm wollte er lernen – und zwar in Demut –, denn plötzlich fühlte er sich wie jemand, der zum ersten Mal in seinem Leben eine spirituelle Belehrung erhielt. »Erzähle mir mehr von diesem Wissen, gelehrter Vater«, bat Svetaketu seinen weisen Vater. »Gut, mein Sohn, so soll es sein. Stelle dir einen Mann vor, der gänzlich erblindet ist. Er hat sich weit von seinem Zuhause entfernt und sich in der Wildnis verloren. Er wird hoffnungslos und ohne Richtung umherirren und ausrufen: Ich bin mit Blindheit geschlagen und verlassen. Aber wenn jemand käme, ihm die Blindheit nähme und ihn die Hauptrichtung zurück in seine Heimat zeigen würde, dann könnte er möglicherweise mit Hilfe seiner Intelligenz und dem nötigen Willen und mit Entschlossenheit von Dorf zu Dorf gehen und dort nach der Richtung fragen und letztendlich sein Ziel erreichen. In der gleichen Art und Weise kann ein Mensch, der einen Lehrer gefunden hat, der ihn den rechten Weg lehren kann, wissen, dass er auf dem richtigen Pfad ist und dass er mit viel Ausdauer und Geduld sein Ziel erreichen kann.« Und ein letztes Mal hielt Uddalaka Aruna inne und sprach dann zu seinem Sohn: »Dieses Wesen, das die feine Grundsubstanz von allem ist, die höchste Wirklichkeit, das Selbst von allem, was existiert – das bist du, Svetaketu.«

Wer ist da?

Einst klopfte ein Schüler an die Tür seines Gurus. »Wer ist dort draußen?«, drang dessen Stimme durch die Tür. Der Schüler erwiderte: »Ich bin es, dein Schüler.« Es dauerte einen Moment, bis die Stimme des Gurus wieder zu vernehmen war: »Gehe weg! Hier in diesem Raum ist kein Platz für zwei.«

Der Schüler ging in seinen eigenen Raum zurück und meditierte und betete dort. Einige Zeit später kehrte er zum Zimmer des Gurus zurück und klopfte erneut an seine Tür: »Wer ist dort draußen?«, kam wieder die Frage des Gurus. – »Du bist es.« Mit diesen Worten öffnete sich die Tür und der Schüler konnte eintreten.

Spirituell auf Kosten anderer   ॐ

Klaus ist einer meiner Freunde. Wir kennen uns schon seit zwanzig Jahren. Früher arbeitete er als Verfahrenstechniker. Im Alter von dreißig Jahren geriet er in eine Krise und suchte nach dem Sinn seines Lebens. Er besuchte aus diesem Grund einen Ashram in Indien und hatte dort eine sehr tiefe spirituelle Erfahrung: *Alles ist eins, alles ist göttlich, alle sind miteinander verbunden!* Diese Erfahrung veränderte sein Leben. Sie brachte ihn zur Spiritualität und zum Yoga. Bald darauf machte er sogar eine Yogalehrerausbildung. Er gab seinen Job als Verfahrenstechniker auf, weil er nur noch das tun wollte, was ihn erfüllt. Und er wollte mehr von diesem Gefühl der Einheit erfahren.

Klaus ist sehr sportlich, sein Körper gut durchtrainiert. Seiner physischen Konstitution nach könnte er vieles machen. Aber er möchte eben nur als Yogalehrer arbeiten. Als solcher arbeitet Klaus hier und da in einem Fitnessstudio, kann aber nicht sonderlich gut davon leben. Jobs, die nichts mit seiner inneren Bestimmung zu tun haben, macht er nicht mehr.

Meinen Vorschlag, eine Zeit lang kellnern zu gehen, um wenigsten einigermaßen über die Runden zu kommen, lehnt er mit einem finsteren Blick ab. Auch meinen Einwand, dass jeder Ort der richtige Ort ist, um spirituell zu praktizieren – egal, ob als Kellner, Fahrer oder Kassierer –, möchte er nicht hören.

Obwohl Klaus nicht arbeitet, ist sein Tag erfüllt – mit Yogapraxis, Meditation und dem Schreiben von Bewerbungen. Allerdings sind es wenige Bewerbungen, weil es nicht so viele Jobs gibt, die gut zu ihm passen. Er sieht nicht fern, weil ihn Politik und Wirtschaft nicht interessieren. Nachrichten trüben nur seine Stimmung.

Bei unserem letzten Treffen erzählte mir Klaus, dass er finanzielle Unterstützung vom Staat beantragt und vor vier Wochen eine Nachzahlung von 4.000 Euro erhalten habe. Klaus freute sich darüber. Er fühlte sich nun nicht mehr so unter Druck gesetzt und konnte sich, was die Jobsuche betraf, wieder entspannen.
Ich hingegen ärgerte mich. Bis ich 4.000 Euro verdient habe, muss ich viel und lange arbeiten. Dabei mache ich nicht nur Sachen, die mich erfüllen. Oftmals bleibt mir nach einem langen Arbeitstag nicht mehr die Zeit, Yoga zu machen oder mich zu entspannen. Ich muss nämlich nicht nur 4.000 Euro erwirtschaften, sondern auch Steuern zahlen. Schließlich muss ich andere mitfinanzieren, auch Menschen wie Klaus, die nur das tun wollen, was sie erfüllt. Das machte mich wütend. Wie konnte man den ganzen Tag meditieren, über die Einheit und Spiritualität reden und sich gleichzeitig von anderen finanzieren lassen?
Das waren Argumente, die ich anbrachte, um Klaus meinen Ärger zu verdeutlichen. Er sah das anders. Klaus findet den Staat sowieso nicht gut, meint aber, dass der Staat ihn ruhig auch mal eine Zeit lang tragen könne. Zumal er zehn Jahre lang gearbeitet hat. Klaus sieht aber nicht, dass ich und alle seine Freunde, die arbeiten, auch »der Staat« sind. Klaus und ich gerieten in eine Grundsatzdebatte.

Wo fängt spirituelles Handeln an und wo hört es auf? Welchen Wert haben spirituelle Erkenntnisse, wenn sie nicht in den Alltag integriert werden? Was die Antworten betrifft, waren wir unterschiedlicher Meinung.

Danach herrschte eine Zeit lang Funkstille. Dann rief er mich wieder an, um mir einen schönen Herbst zu wünschen. Er selbst flöge nun für sechs Wochen nach Indien. Er wolle wieder in den Ashram, in dem er seine erste spirituelle Erfahrung erlebt hatte. Er hoffe, dort noch einmal zu erfahren, was ihn einst so tief berührt hatte: Die Erfahrung, dass alles eins ist. Schließlich sehne er sich nach nichts mehr als nach einer Verbundenheit mit allem und jedem.

Begegnung mit dem Göttlichen

Kein Ich mehr und kein Du

Ich befand mich auf einer der berühmten Backwater-Touren durch die Palmenwälder Keralas im Süden Indiens. Ich saß zusammen mit meiner Reisegruppe auf einem Frachtboot, das seit den frühen Morgenstunden durch malerische Wasserstraßen fuhr. An jeder Ortschaft inmitten der unberührt wirkenden Natur legte es an. Wir sahen Kinder, die Kokosnussschalen in Spielzeug verwandelt hatten und damit tief in ihre eigene Welt eingetaucht waren. Auch sahen wir würdevoll anmutende Menschen, die trotz offensichtlicher Armut Stolz in den Augen hatten und jeden Tag bewusst zu erleben schienen.
Mich verzauberte der Duft des Kokosöls, den der Wind zum Boot herübertrug. Und auch das Rauschen der Palmen und die Vögel, die in ihren bunten Federkleidern durch die Bäume flogen und hier und dort wieder auftauchten, nahmen mich in ihren Bann. Vom Deck des Bootes aus schaute ich in die untergehende Sonne, die langsam in die Reisfelder, die wir mittlerweile passierten, einzutauchen schien, und war hingerissen von dem Farbenspiel des Horizonts.

Ich saß da, und plötzlich, von einem Moment auf den anderen, erfuhr ich etwas, was nicht in Worte zu fassen ist, sondern nur unmittelbar erfahren werden kann: Ich war mit allen Dingen, allen Wesen auf diesem Planeten und in diesem Universum eins. Es schien, als würde sich die Begrenzung meines Kopfes auflösen und sich mein Bewusstsein über den ganzen Globus erstrecken und mit jedem Baum, Wassertropfen, Vogel und Felsen sowie mit jedem Menschen verschmelzen. Es gab kein Ich mehr und auch kein Du. Das Gestern schien mit dem Heute und dem Morgen verschmolzen zu sein. Alles, was auch nur den Anschein einer Trennung innehatte, war aufgelöst und zu einer Einheit geworden. Plötzlich wusste ich so vieles. Ich verstand es nicht, ich wusste es einfach. So, als wäre mir das Wissen aller heiligen Schriften von einem Moment auf den anderen zuteilgeworden. Ich wusste, dass alles göttlich ist und dass allem, was passiert, der göttliche Plan innewohnt – auch dann, wenn er für uns manchmal nicht nachvollziehbar ist.

Ich weiß nicht, ob es nach Sekunden, Minuten oder Stunden war, irgendwann setzte sich ein Mann neben mich und fragte mich: »Mensch, wie bist du denn drauf?« In diesem Moment fühlte ich mich, als würde ich aus drei Meter Höhe auf den Boden des Bootes knallen. Und damit war sie vorbei, meine Einheitserfahrung, in der es kein Ich mehr gab und kein Du.

Theorie und Praxis

Die Frau eines spirituellen Lehrers vergnügte sich gerade mit einem Schüler ihres Mannes, als dieser früher nach Hause kam als geplant. »Schnell, verstecke dich irgendwo«, forderte sie ihren Liebhaber auf. Dieser, splitternackt, versteckte sich im Schrank.

Als der spirituelle Lehrer wenig später nichts ahnend die Schranktür öffnete und seinen gänzlich unbekleideten Schüler im Schrank erblickte, sprach er: »Darf ich dich fragen, was du hier machst?« Daraufhin erwiderte sein Schüler: »Was ich hier mache? Ich habe mir deinen letzten Vortrag zu Herzen genommen, in der du immer wieder betont hast, dass alles eins ist, alles göttlich ist und alles unsere Anbetung und Liebe verdient. Ich musste dabei an deine Frau denken ... Ich habe dich doch richtig verstanden?«

Das Versteck Gottes

Ein Yogi wurde bereits zu Lebzeiten eine Legende, weil er als besonders weise galt. Es heißt, dass selbst Gott einmal seinen Rat einholte, als er nicht weiterwusste: »Ich möchte mit den Menschen Versteck spielen. Ich habe verschiedene Medien gefragt, wo ich mich am besten verstecken könnte. In der Tiefe des Ozeans, sagten einige, auf dem höchsten Berggipfel, sprachen andere, auf der erdabgewandten Seite des Mondes oder auf einem fernen Stern, meinten wieder andere. Aber irgendwie gefallen mir all diese Vorschläge nicht wirklich. Was schlägst du vor?« Daraufhin antwortete der Yogi: »Verbirg dich im menschlichen Herzen, das ist der letzte Ort, an dem sie dich suchen werden.«

Die Kunst, Gott immer im Blick zu haben

Ein Schüler erzählte eines Tages seinem spirituellen Lehrer, dass man eine Person gesehen habe, die auf dem Wasser gehen könne. Der Lehrer gab zur Antwort: »Das ist nichts Besonderes, denn auch ein Frosch und eine Mücke können auf dem Wasser gehen.«

Einige Tage später berichtete man ihm, dass ein Mann gesehen worden sei, der fliegen könne. Da erwiderte er: »Auch das ist einfach, denn genauso können eine Fliege und ein Rabe fliegen.«

Schließlich berichtete man dem Lehrer von einer Frau, die sich in einem Atemzug von einer Stadt zur anderen transportieren könne. Hierauf sprach der Lehrer: »In einem Atemzug bewegt sich Mara, der Gott des Bösen, vom Osten in den Westen.«

Und weiter erklärte er: »Diese Fähigkeiten, von denen ihr mir dieser Tage berichtet habt, sind ganz und gar wertlos. Ein wahrer Mensch ist, wer sich unter die Leute mischt und mit ihnen verkehrt und der diese Dinge nicht tut, um Anerkennung oder Bewunderung zu erfahren, sondern der Gott bei allem, was er tut, nicht einen einzigen Augenblick vergisst.«

Die Pietà ॐ

Michelangelo war ein begnadeter Künstler und Bildhauer. Es heißt, dass er eines Tages in Florenz spazieren ging und an einem Handelsgeschäft für Steinblöcke vorbeikam. Er schaute sich einige Marmorblöcke, die auf dem Hof standen, an und entschied sich für einen bestimmten. »Diesen Block will ich kaufen«, sprach er. Der Händler erwiderte: »Dieser Block ist nicht von guter Qualität, denn er hat eine zu starke Maserung. Ich kann ihn nicht empfehlen.« Michelangelo bestand aber auf seiner Wahl: »Nein, genau diesen will ich haben. Ich lasse dich hinterher sehen, was daraus geworden ist.«

Aus diesem Marmorblock schuf Michelangelo die Pietà, jene wunderschöne Skulptur, die heute im Petersdom in Rom steht. Sie zeigt Maria mit dem toten Jesus auf den Armen. Ein unglaubliches Kunstwerk, von dem man einfach vollkommen berührt dasteht.
Michelangelo zeigte die Pietà dem Steinhändler, der überrascht fragte: »Aus diesem Block hast du sie gemacht?« Michelangelo erwiderte dem Händler: »Nein, ich habe sie nicht gemacht. Sie war die ganze Zeit schon in dem Marmorblock. Ich habe nur alles entfernt, was nicht zur Skulptur dazugehörte.«

Begegnung mit dem Göttlichen

Vajnavalkya
und der Reichtum des göttlichen Selbst ॐ

Vajnavalkya war einer der größten Weisen vergangener Zeiten. Er hatte zwei Ehefrauen, mit denen er zusammenlebte. Die eine hieß Katyayani. Sie war die ältere von beiden. Die andere trug den Namen Maitreyi und war sehr jung und schön. Eines Tages rief Vajnavalkya beide Frauen zu sich. Er sprach zu ihnen folgende Worte: »Ich habe mich entschlossen, mein Familienleben aufzugeben und in den Wald zu gehen, um dort ein Leben der Entsagung zu führen. Da ich meinen Besitz nicht mehr brauche, habe ich ihn in zwei Hälften geteilt, und jede von euch wird einen Teil bekommen.«

Die ältere der beiden Frauen war mit ihrem Anteil einverstanden, die jüngere, Maitreyi, hingegen fragte: »Warum gibst du deinen Reichtum auf und gehst weg?« Vajnavalkya antwortete: »Das Selbst braucht keinen materiellen Reichtum, weil es davon nicht zufriedenstellt wird.« Maitreyi wollte weiterhin wissen: »Wird mir dieser Reichtum die Unsterblichkeit schenken?« »Nein«, antwortete Vajnavalkya, »dein Leben wird dem Leben der Reichen gleichen. Doch kein Mensch, egal, wie groß seine Reichtümer sind, kann durch Reichtum die Unsterblichkeit erlangen.«

»Dann bin ich nicht an deinem Besitz interessiert«, sprach Maitreyi, »denn ich habe dich nicht wegen deines Reichtums, sondern um deines Wissens willen geheiratet. Ich möchte mein Selbst erlangen. Und wenn du sagst, dass ich das nicht mit deinem Reichtum vollbringen kann, dann möchte ich ihn nicht haben.« Vajnavalkya war von der Aufrichtigkeit seiner jüngeren Frau sehr angetan und sagte: »Oh, Maitreyi, du bist mir immer sehr lieb gewesen, aber jetzt liebe ich dich noch mehr.« Maitreyi blieb unbeeindruckt und sprach: »Gib Katyayani all deinen Reichtum, schenke mir dein Wissen.«

Daraufhin begann Vajnavalkya ihr die Großartigkeit des Seins darzulegen: »Oh, Maitreyi«, sprach Vajnavalkya, »wir lieben einander nicht um des anderen willen, sondern um des Selbst willen. Ein Ehemann liebt seine Frau nicht um ihretwillen, sondern um des eigenen Selbst willen. Das Selbst, das alle Wesen hier in diesem Universum besitzen, ist das liebenswerteste auf der Welt.«
Und er fuhr fort: »Oh, Maitreyi, siehe das Selbst, höre das Selbst und betrachte das Selbst. Versenke dich in das Selbst. Meditiere über das Selbst. Lasse das Selbst sich vor dir offenbaren. Wenn du die grundlegende Natur des Selbst hörst, wenn du dich in die wahre Natur des Selbst versenkst und darüber meditierst, wenn du die wahre Natur des Selbst erkennst und es dich durchdringen lässt, dann wirst du vollkommenes Wissen erlangen.«

Die Vollkommenheit in allem ॐ

Es gab einmal einen Akademiker, der Erleuchtung erlangen wollte. Er glaubte, sie über den Verstand erreichen zu können. Deshalb zog er von Stadt zu Stadt, um dort einen wahrhaft Weisen zu finden, der ihm intellektuell gewachsen war. Überall verwickelte er die Weisen in philosophische Gespräche, aber bei keinem hatte er das Gefühl, wirklich befriedigende Antworten zu erhalten.

Eines Tages kam er in ein Dorf, und dort fand er jemanden, von dem er nicht wusste, dass er ein Bauer war. Er hielt ihn für den Dorfweisen. Deshalb stellte der Akademiker ihm folgende Fragen: »Wo liegt der Mittelpunkt der Erde?« Etwas verwundert über eine solche Frage erwiderte der Bauer daraufhin: »Der Mittelpunkt der Erde ist dort, wo mein Esel mit dem Huf auftritt.« Der Akademiker war sichtlich beeindruckt über diese Antwort und fragte weiter: »Kannst du mir beweisen, was du da behauptest?« Der Bauer antwortete: »Wenn du mir nicht glaubst, dann nimm ein Maßband, und miss selbst.«
Der Akademiker begann, Spaß an der Diskussion zu bekommen, und fragte weiter: »Wie viele Sterne stehen am Himmel?« – »Ebenso viele, wie das Fell meines Esels Haare hat.« Und ohne eine Antwort des Akademikers abzuwarten, fügte er noch hinzu: »Wenn du einen Beweis brauchst, dann zähle sie doch. Dann wirst du sehen, dass ich recht habe.«
Nun stellte der Akademiker seine dritte Frage: »Wie viele Wege menschlicher Erkenntnis gibt es?« Der Bauer war

erstaunt über diese Frage und entgegnete: »Die Antwort darauf ist einfach. Die Zahl der Wege ist gleich der Zahl der Haare auf deinem Kopf. Solltest du an meinen Worten zweifeln, dann reiße dir ein Haar nach dem anderen aus und zähle sie. Willst du es aber ganz genau wissen, dann kannst du auch noch deine Barthaare hinzunehmen und jedes einzelne zählen. Es sind genauso viele, wie es Wege der Erkenntnis gibt.« Zum ersten Mal war der Akademiker zufrieden und hatte das Gefühl, einem wahrhaft Weisen begegnet zu sein.

Ungeduld und Erleuchtung

Es war einmal ein Mann, der unbedingt erleuchtet werden wollte. Um den Erleuchtungsprozess zu beschleunigen, zog er sich in ein Tal zurück, um dort zu büßen und zu meditieren. Er tat dies sehr verbissen, denn er hoffte, dabei die Stimme Gottes direkt erfahren zu können – und erleuchtet zu werden.

Er büßte und meditierte, fastete und betete, rezitierte und kontemplierte, aber nichts passierte. Von Ungeduld geplagt, begann er zu rufen, zu schreien und zu flehen. Irgendwann hörte er dann eine Stimme, die aus dem Gebirge zu kommen schien. Voll freudiger Erwartung brach er ins Gebirge auf, um jener Stimme zu lauschen und eins mit ihr zu werden. Aber je näher er dem Gebirge kam, desto leiser wurde die Stimme.

So kehrte er enttäuscht ins Tal zurück. Er fühlte sich genarrt und auf den Arm genommen. So schrie und brüllte er aufs Neue. Und wieder hörte er die Stimme. Also stieg er ein zweites Mal das Gebirge hinauf. Wieder war es so: Je näher er zum Gebirge kam, desto leiser wurde die Stimme.

Erneut kehrte er um. Dieses Mal wurde er jedoch still und hörte auf zu suchen, zu fordern und zu brüllen. In dem Moment, als er das Suchen vollkommen sein ließ, erfuhr er Gott direkt. Er erkannte, dass die Stimme, die er vorher gehört hatte, nur sein eigenes Echo gewesen war.

Dank

Mein Dank geht an Uwe Haardt, den Chefredakteur der Zeitschrift *Yoga aktuell*. Seit vielen Jahren lässt er mir den Freiraum, meine Auffassung »Alles ist Yoga« in die Zeitschrift einfließen zu lassen. Diese Offenheit und sein Vertrauen in mein Schreiben haben mich immer sehr gefreut.

Auch den übrigen Teammitgliedern von *Yoga aktuell*, Matthias Beck, Alexandra Haardt und Nina Haisken, danke ich an dieser Stelle für ihre gute Zusammenarbeit. Auch ihr offener Geist Yoga gegenüber hat mir immer sehr gut gefallen.

Mein Dank geht auch an Frau Heidi Schirner, die mit der Idee, ein Buch mit Yogageschichten zu schreiben, bei mir offene Türen eingerannt hat. Herzlichen Dank für die Idee und deren Umsetzung.

Kontaktadresse

Doris Iding
Kufsteiner Platz 2
81679 München

www.doris-iding.de
info@doris-iding.de

Zum Weiterlesen

Bayat, Mojdeh: *Geschichten aus dem Land der Sufis*. Spirit Fischer. Frankfurt 1998.

Cleary, Thomas: *Zen-Geschichten: Begegnung zwischen Schülern und Meistern*. DG 132. München 1993.

Dalai Lama: *Der Friede beginnt in dir: Wie innere Haltung nach außen wirken kann*. Herder Spektrum. Freiburg 1998.

Desikachar, T. K. V.: *Über Freiheit und Meditation – Das Yoga Sutra des Patanjali: Eine Einführung.* Übertragung und Kommentar von T. K. V. Desikachar. Via Nova. Petersberg 1997.

Drukpa Rinpoche: *Tibetische Weisheiten.* dtv. München 1999.

Epstein, Mark: *Gedanken ohne den Denker.* Spirit Fischer. Frankfurt 1998.

Griffith, Ennea Tess: *Geschichten zur Erleuchtung: Der spirituelle Weg in Geschichten.* Farren Bel. Saarbrücken 2000.

Grün, Anselm: *Menschen führen: Leben wecken.* 4. Auflage. Vier-Türme-Verlag. Münsterschwarzach 2002.

Grün, Anselm: *Jeder Tag ein Weg zum Glück.* Herder. 2005.

Hawley, Jack: *Bhagavadgita – Der Gesang Gottes: Eine zeitgemäße Version für westliche Leser.* Goldmann.

Iding, Doris: *Dir muss nicht bang sein: Weisheiten und Meditationen über Leben und Tod.* Kösel. München 2004.

Iding, Doris: *Der Tod geht um die Welt: Märchen und Mythen über den Tod.* Goldmann. München 1999.

Iding, Doris: *Rituale fürs Alleinsein.* Königs Furth. 2003.

Iding, Doris/Kaiser, Katja: *Yoga der Gegenwärtigkeit.* J. Kamphausen. Bielefeld 2005.

Kabat-Zinn, Jon: *Jeder Augenblick kann dein Lehrer sein: 100 Lektionen in Achtsamkeit.* O.W. Barth. Frankfurt 2010.

Kabat-Zinn, Jon: *Stressbewältigung durch die Praxis der Achtsamkeit.* Audiobook. Arbor. 1999.

Kabat-Zinn, Jon: *Im Alltag Ruhe finden: Meditationen für ein gelassenes Leben.* Fischer. 2007.

Kornfield, Jack: *Frag den Buddha – und geh den Weg des Herzens.* Kösel. München 1995.

Kornfield, Jack: *Das strahlende Herz der erwachten Liebe.* Arbor. Freiamt 1991.

Kornfield, Jack: *Das Tor des Erwachens: Wie Erleuchtung das tägliche Leben verändert.* Kösel. München 2000.

Kornfield, Jack: *Offen wie der Himmel, weit wie das Meer: Worte der Weisheit für Vergebung und Frieden.* Kösel. München 2004.

Kornfield, Jack: *Buddhas kleines Weisungsbuch.* Droemer/Knaur. München 2008.

Kornfield, Jack: *Geschichten des Herzens.* Arbor. Freiamt 1991.

Küstenmacher, Werner/Seiwert, Lothar: *simplify your life*. Campus. Frankfurt am Main 2002.

Magi, Gianluca: *Lieber ein intelligenter Feind als ein dummer Freund: 101 witzige Lehrgeschichten*. Goldmann Arkana. München 2009.

de Mello, Anthony: *Eine Minute Weisheit*. 5. Auflage. Herder. Freiburg 2001.

de Mello, Anthony: *Eine Minute Unsinn*. 7. Auflage. Herder. Freiburg 2001.

de Mello, Anthony: *Was bringt das Pferd zum Fliegen?* 8. Auflage. Herder. Freiburg 2002.

de Mello, Anthony: *365 Geschichten, die gut tun: Weisheit für jeden Tag*. Herder. 2006.

Merton, Thomas: *Die Weisheit der Wüste*. Spirit Fischer. Frankfurt 1999.

Merzel, D. Genpo: *Durchbruch zum Herzen des Zen*. DG Reihe 111. München 1991.

Millman, Dan: *Erleuchteter Alltag*. Ansata. München: 1998.

Osho: *Jenseits der Grenzen des Verstandes: Das Märchen von der Psychologie*. Osho International Foundation. Zürich 1997.

Pollak, Kay: *Durch Begegnungen wachsen: Für mehr Achtsamkeit und Nähe im Umgang mit anderen.* Südwest. 2007.

Ram Dass: *Schrot für die Mühle.* Knaur. München 1997.

Ram Dass: *Reise des Erwachens: Handbuch zur Meditation.* Knaur. München 1985.

Rinpoche, Sogyal: *Funken der Erleuchtung – Buddhistische Weisheiten für jeden Tag des Jahres.* O. W. Barth. München 1998.

Rost, Dietmar/Maschalke, Joseph (Hrsg.): *Auf der Durchreise.* Gütersloher Verlagshaus. Gütersloh.

Russel, Peter: *Die erwachte Erde: Unser nächster Evolutionssprung.* Heyne. München 1984.

Smothermon, Ron: *Drehbuch für Meisterschaft im Leben.* context. Bielefeld 1996.

Sri Chinmoy: *Veden, Upanishaden, Bhagavadgita.* DG 107. München 1994.

Thich Nhat Hanh: *Das Wunder des bewussten Atmens.* Theseus. Berlin 2003.

Tolle, Eckhart: *JETZT! Die Kraft der Gegenwart: Ein Leitfaden zum spirituellen Erwachen.* J. Kamphausen. Bielefeld 2000.

Troll, Pyar: Poesie der Stille. Tanz des Lebens. Anleitungen zum Da-Sein. J. Kamphausen. Bielefeld 2002.

Anmerkungen

»Wahrhaft gut und böse« frei nacherzählt aus: Kornfield, Geschichten des Herzens.

»Gespräch der Zwillinge« frei nacherzählt nach einer Geschichte von Henry Nouwen.

»Was fehlt?« frei nacherzählt nach: de Mello, *Was bringt das Pferd zum Fliegen?*, S. 136.

»Neuntausend Euro« frei nacherzählt nach: Idries Shah, *Die fabelhaften Heldentaten des vollendeten Narren und Meisters Mulla Nasrudin*, S. 98.

»Die Vertrauensfrage« frei nacherzählt nach: Griffith, *Geschichten zur Erleuchtung*, S. 81.

»Himmel und Hölle« frei nacherzählt aus: Rost/Maschalke, *Auf der Durchreise*.

»Gierig oder gut?« frei nacherzählt aus: Nossrat Peseschkian, *Der Kaufmann und der Papagei*.

»Was übersehe ich denn?« frei nacherzählt nach: Kornfield, *Der Weg des Erwachens*, S. 198.

»Wenn Gelüste unterdrückt werden« frei nacherzählt nach einer Geschichte von Osho.

»Ratlosigkeit und Angst« frei nacherzählt nach einer Geschichte von Bert Hellinger.

»Der Weg des Hasen« frei nacherzählt nach: Klaus P. Horn, *Die Erleuchtungsfalle*, S. 14.

»Der Brunnen der Erkenntnis« frei nacherzählt nach: P. Ferrucci, *Werde was du bist*, S. 19.

»Das Versteck Gottes« frei nacherzählt nach einer Geschichte von de Mello.

»Die Pietà« frei nacherzählt nach: Troll, *Poesie der Stille*, S. 14.

Ebenso erschienen im  www.schirner.com

664 Seiten

ISBN 978-3-89767-538-4

Hetty Draayer

Finde dich selbst durch Meditation

Ein Lese- und Übungsbuch

Mit diesem Buch fasst Hetty Draayer die Grundlagen ihrer Arbeit noch einmal neu zusammen. Menschen, die sich auf ihren inneren Weg begeben wollen, finden darin Übungen und Anleitungen für die Reise zu sich selbst.
In den begleitenden Text lässt uns die Autorin teilhaben an ihren Erfahrungen und Einblicken in Dimensionen und Welten, die sich erschließen, wenn wir uns auf dieses Wagnis – uns selbst – wirklich einlassen.

Erschienen im

120 Seiten

ISBN 978-3-89767-326-7

Gatha Wandel

Innere Weisheit aus der Stille

Meditationen zum inneren Licht

Unseren Weg nach Hause finden wir in der Stille. In ihr erfahren wir, wer wir wirklich sind, und bekommen Zugang zu den himmlischen Weisheitsinformationen. In einfachen und im Alltag leicht nachvollziehbaren Übungen zeigt die Autorin, wie wir alte Verletzungen und daraus resultierende unbewusste Gewohnheiten aufspüren und wie wir Kontakt zu unserem Seelen-Ich, zu der göttlichen Quelle in uns aufnehmen können.